Comprenda el Corán

Una guía rápida cristiana al libro
santo musulmán

Mateen Elass

Publicado por
Editorial Unilit
Miami, Fl. 33172
Derechos reservados
© 2007 Editorial Unilit (Spanish translation)
Primera edición 2007

© 2004 por Mateen Elass
Originalmente publicado en inglés con el título:
Understanding the Koran
por Mateen Elass.
Publicado por Zondervan
5300 Patterson Avenue, S.E.
Grand Rapids, Michigan 49530
Publicado con permiso de Zondervan, Grand Rapids, Michigan.
(Published by permission of Zondervan, Grand Rapids, Michigan.)

Traducción: Dr. Andrés Carrodeguas

A menos que se indique lo contrario las citas bíblicas se tomaron de la Santa Biblia Nueva Versión Internacional © 1999 por la Sociedad Bíblica Internacional
Usadas con permiso.

Nota de la Editorial: Las citas del Corán se tomaron de *El Sagrado Corán*, III Edición de IntraText CT (www.intratext.com/X/ESL0024.HTM#fonte), Asociación Estudiantil Musulmana de Oregon State University, 2005.

Créditos
Capítulo 1
Página 8 © PhotoDisc / Getty Images
Capítulo 2
Página 28 mapa de la *Hégira* por Mountain High Maps / © 1993 Digital Wisdom, Inc.
Capítulo 5
Página 92 Andrea Pistolesi / The Image Bank / Getty Images
Capítulo 9
Página 168 © PhotoDisc / Getty Images
Capítulo 10
Página 187 mapa por Mountain High Maps / © 1993 Digital Wisdom, Inc.

Las direcciones de los sitios Web recomendados a lo largo de este libro se ofrecieron como un recurso para usted. Estos sitios Web no pretenden de ninguna manera que implique un respaldo de Editorial Unilit, ni que garanticen su contenido durante la vida de este libro.

Producto 495448
ISBN 0-7899-1399-2
ISBN 978-0-7899-1399-9
Impreso en Colombia
Printed in Colombia

Categoría: Interés general/Otras religiones/Islam
Category: General Interest/Other Religions/Islam

CONTENIDO

EL CORÁN VISTO CON OJOS MUSULMANES

Dos veces al día retumbaba el cañonazo en todo nuestro pueblo. Era Ramadán, el noveno mes del calendario islámico. Mi familia vivía en Arabia Saudí, y las salvas de artillería marcaban los momentos oficiales designados como amanecer y atardecer, entre los cuales todos los musulmanes practicantes debían ayunar de comida, bebida y otros placeres.

Arabia Saudí se describe a sí misma como una nación musulmana y, como tal, promulga y obliga a cumplir las enseñanzas de Mahoma, el profeta islámico, tal como aparecen en el Corán[1]. El ayuno durante el mes de Ramadán es una de esas numerosas prácticas. Puesto que se ordena en el Corán, lo celebran todos los fieles musulmanes. ¿Por qué? Porque para el musulmán, el Corán es la Palabra de Dios, la autoridad más alta sobre la tierra, de acuerdo con la cual uno debe regular su vida. Es su libro santo, y desempeña en el islam un papel similar en muchos aspectos al de la Biblia en el cristianismo. No obstante, también hay diferencias significativas, y la labor del presente libro consiste en ayudar a los que desconocen el Corán a estar lo bastante versados en él y en su lugar dentro de la sociedad islámica para poder compararlo con la Biblia y su uso en los contextos cristianos. Espero también que cuando termine de leer el libro, haya aumentado su seguridad en cuanto a conversar de asuntos relacionados con la fe con los musulmanes que quizá encuentre en la vida diaria o en sus viajes.

Un número creciente de musulmanes

El islam afirma tener más de mil doscientos millones de seguidores en el mundo entero, cifra superada en tamaño y amplitud solo por el cristianismo, cuyo número de seguidores llega a unos mil novecientos millones. Estas dos religiones juntas abarcan casi la mitad de la población mundial. Lo asombroso es que permanezcan un tanto ignorantes cada cual de las creencias centrales de la otra. Aunque no cabe duda que las razones de esto son complejas, esta situación no debe continuar, al menos para el mundo cristiano occidental. Durante muchos años, el islam le ha parecido al Occidente cristiano una religión del Oriente Medio y de otras naciones del Tercer Mundo. Al haber tenido pocos contactos directos con musulmanes, la mayoría de los cristianos permanecen ignorantes con respecto a esta religión mundial. Sin embargo, a causa de la gran cantidad de inmigrantes musulmanes que hay en Europa y en América del Norte, el crecimiento del islam militante y de su concomitante terrorismo cuyo blanco son los intereses occidentales, y una renovación de las dolorosas heridas del conflicto entre Israel y los palestinos, el islam se halla con mucha frecuencia en la primera línea de interés de los medios de comunicación. Los problemas relacionados con la vestimenta, las normas dietéticas especiales, los días de adoración diferentes y unas prácticas religiosas rigurosas contribuyen en conjunto a una nueva curiosidad entre los estadounidenses con respecto a la naturaleza y las creencias del islam.

Los cristianos ya no se pueden seguir dando el lujo de ser indiferentes ante las enseñanzas y las prácticas de esta fe nacida en la península Arábiga del siglo VII, que ahora domina en gran parte de Asia y África y está haciendo progresos con gran rapidez en Europa y los Estados Unidos. Para que la Iglesia actúe con verdadera seriedad en cuanto a su misión de hacer discípulos de todos los grupos étnicos, debemos estar familiarizados con el sistema de creencias que afecta en la actualidad a la quinta parte de la población mundial. Tal vez la manera más rápida de hacer bien esto sea ponernos al corriente con el Corán, que se encuentra en el centro mismo de la teología y la práctica musulmanas.

Un libro físico único

Para el musulmán, no hay otro libro en la tierra que se le iguale. De un tamaño similar al del Nuevo Testamento, afirma ser la revelación de Alá (Dios) a Mahoma en lengua árabe. Los hablantes que consideran el árabe su lengua materna reconocen belleza y poder en la expresión poética del Corán, del cual algunos afirman que nunca ha tenido igual en la historia de la comunicación humana. Por esta razón, y también por el lugar teológico del Corán en el mundo árabe musulmán, el árabe coránico se ha convertido en la norma del ahora conocido como árabe clásico, el dialecto primordial de las personas refinadas y con estudios en todo el Oriente Medio.

Puesto que los musulmanes consideran que el Corán está compuesto por las palabras literales de Dios (es decir, dichas en forma directa por la boca de Dios por medio del ángel Gabriel a Mahoma, quien a su vez repitió estas palabras exactas a sus oyentes, quienes las aprendieron de memoria o las transliteraron), el libro físico se convierte en sí mismo en objeto de veneración sagrada. Hay normas específicas en cuanto a la forma de manejarlo y de tratarlo. Por ejemplo, en las escuelas primarias de Arabia Saudí, a los niños se les enseña a lavarse y encontrarse en un estado de pureza ritual antes de manejar el Corán, a besarlo tres veces antes de abrirlo

para leer, y después besarlo tres veces otra vez y tocarlo con la frente después de cerrarlo para ponerlo a un lado. Las mujeres que están en su menstruación no lo deben tocar. El Corán no se debe dejar abierto y desatendido, no sea que se aparezca el diablo o algún *jinn* (genio) y lo lean (se supone que su presencia inmunda sería una gran deshonra para él, y el hecho de que supieran más acerca de la palabra de Alá los capacitaría para hacer más daño).

Como señal de su valor máximo, el Corán debe ocupar el lugar más elevado en un hogar o una mezquita, por encima de todos los demás libros u objetos. De aquí que deba estar en el estante más alto de la casa, sin tener nada alrededor. Cuando se sostiene, nunca se debe llevar más abajo de la cintura. Cuando se transporta entre otras pertenencias en una maleta, debe ser la última cosa que se meta en ella, de manera que no quede cubierto con ninguna otra cosa. Nunca se debe poner en el suelo, porque se podría incurrir en la ira de Alá. No obstante, con frecuencia el

Corán lo leen personas que están sentadas en el suelo antes de la oración. Para esas personas hay unos atriles especiales que permiten que el libro permanezca abierto y elevado sobre el suelo. Es una gran deshonra y una gran vergüenza que alguien permita que el Corán caiga al suelo.

Recuerdo una historia, tal vez apócrifa, que circuló a lo largo y ancho del Oriente Medio a principios de los años setenta, acerca de uno de los primeros atletas afroamericanos que se convirtieron al islam. Deseoso de aprender más acerca de la fe que había abrazado, aceptó una invitación para hacer una gira por los lugares santos del islam en Arabia Saudí. Su presencia causó gran emoción entre los musulmanes árabes en La Meca y en Medina. Vestido con ropajes saudíes y llevando un Corán, era todo un personaje entre los admiradores que lo rodeaban. Le pidieron varios autógrafos, de manera que encontró una silla donde sentarse, y después, de forma muy natural, puso su Corán bajo las patas de la silla, para que no molestara mientras firmaba los autógrafos. De inmediato, cesó la animación a su alrededor con un asombroso y embarazoso silencio. Cuando uno de sus acompañantes se dio cuenta de lo sucedido, retiró de inmediato el Corán, le quitó el polvo y lo besó, y les pidió abundantes disculpas a los demás musulmanes a nombre del atleta, el cual, al fin y al cabo, no sabía lo que había hecho.

Aunque algo apaciguadas, las multitudes ya no se siguieron agolpando alrededor de aquel famoso estadounidense. Es más, cuando se corrió la voz, fue en rápido aumento la falta de respeto hacia él y se tuvo que interrumpir la extensa gira. Aunque no puedo confirmar que este suceso en particular sea real, de seguro la historia parece verdadera en cuanto a una reacción típica de los musulmanes hacia lo que consideran indiferencia o falta de respeto hacia «el noble Corán». Ningún ser humano, por popular o respetado que sea, tiene mayor importancia que el Corán. Quienes lo deshonren, se tendrán que enfrentar a la indignación de los buenos musulmanes en todas partes.

El castigo por maltratar el libro

Sin embargo, de mayor importancia aun para los musulmanes es la creencia de que Alá protege su libro, y castiga a los infieles que tratan de maltratarlo. El Corán mismo contiene muchas menciones del terrible destino de los que no crean en lo proclamado por Mahoma y se burlen de sus enseñanzas. A estos incrédulos los lanzarán a los fuegos del infierno, mientras que la revelación de Dios se mantendrá protegida.

Hoy en día abundan en el mundo musulmán las historias sobre intentos de deshonrar el Corán impedidos por el poder sobrenatural de Dios. Una de mis primas me relataba una historia de su niñez en Arabia Saudí. Se decía que un infiel (un enemigo del islam) se metió en la casa de una familia musulmana con la idea de causarle daños. Mientras saqueaba el lugar, se encontró un ejemplar del Corán y lo tiró al inodoro, lo cual es un acto de profanación horrible ante los ojos de un musulmán. Cuando la familia llegó a la casa y vio los daños hechos, se sintió abatida, como es natural. Al hallar el Corán en el inodoro, se sintieron muy mortificados. Enseguida trataron de pescarlo para ver si se podía rescatar, pero se quedaron atónitos al descubrir que, a pesar de que había estado sumergido por completo en el agua, no estaba ni siquiera mojado. Dios había protegido por entero su noble libro. Esta historia es paralela a una declaración que se encuentra en las tradiciones del Hadit[2]: «Si envuelven el Corán en una piel y lo tiran al fuego, no se quemará» (Al-Tirmidhi, 652).

Aunque la mayoría de los musulmanes cultos no creen este tipo de historias, para las masas menos educadas tales intervenciones sobrenaturales relacionadas con el Corán son normales. La suposición previa es que el honor de Alá se encuentra íntimamente relacionado con el honor de este libro, y que va a hacer lo que sea necesario para defender su honor. Por esta razón también, puesto que los musulmanes proclaman que el Corán carece por completo de errores, ya que tiene su fuente en la mente perfecta de Dios, la mayoría de ellos no están dispuestos a realizar un examen crítico de su contenido. Las siguientes preguntas estarían prohibidas:

- ¿Qué fuentes precoránicas influyeron en Mahoma?

- Puesto que el Corán reconoce la inspiración plena de la Biblia, ¿por qué hay serias discrepancias en ciertos puntos entre lo que dice la Biblia y lo que enseña Mahoma?

- ¿Cómo llegó el Corán a tener la forma en la que lo hallamos hoy?

Este tipo de preguntas se ve como algo que deshonra a Dios y a su profeta. La respuesta, bastante simple, es que Dios se lo dijo todo a Mahoma; nada vino del propio pensamiento del profeta. Las palabras de Dios se conservaron y recogieron de manera perfecta antes de la muerte del profeta, y el Corán es hoy justo el mismo que era cuando se presentó por vez primera al mundo hace casi catorce siglos. Si hay discrepancias entre el Corán y la Biblia, la culpa es de los judíos y los cristianos, los cuales han pervertido la verdad que recibieron en sus orígenes. El Corán, por la perfecta sabiduría y el poder de Dios, restaura y aclara la verdad, tal como les fue dada en el principio a Moisés y a Jesús. Tratar de ahondar tras las palabras reveladas del Corán es no creer en su fuente divina y así deshonrar a Alá. El musulmán fiel considera que no se debe hacer esto.

Su sedicente estado exaltado

Como era de esperar, el Corán habla con frecuencia de su propio estado de exaltación. Puesto que muchos que afirmaban que las revelaciones de Mahoma eran un engaño, un significativo número de sus mensajes son de naturaleza defensiva, exigiendo una condición exaltada y divina. Los primeros comentaristas mencionan cincuenta y cinco títulos que se le dan al Corán en sus páginas. Aunque muchos son redundantes, bastará un ejemplo para demostrar el lugar que esperaba Mahoma que ocupara en la vida de sus seguidores:

• Establecedor de la verdad	• Iluminador
• Recordatorio	• Senda recta
• Explicación	• Sermón
• Mensaje	• Narración
• Sabiduría	• Filósofo

Todos los títulos anteriores enfatizan lo que afirma el Corán de ser el supremo medio de transmisión de una descripción de Dios, la humanidad y el mundo. Esta descripción sostiene que está en armonía con todas las revelaciones previas de Dios, incluso la que se encuentra en la Biblia. El interés de Mahoma por situar el Corán a la altura del Antiguo y del Nuevo Testamento se recalca mediante dos títulos bíblicos que se le dan: el Salmo y el Heraldo de las Buenas Nuevas.

Sin embargo, las escrituras musulmanas no son un simple ensayo sobre la verdad; tratan de cambiar la vida de los que escuchan su mensaje. El Corán es un libro de exhortación que llama a la humanidad a la obediencia al Soberano y explica lo que esto significa de una manera inequívoca. Títulos como la Guía, el Justo, la Justicia, la Exhortación, el que Advierte, el Orden, el Asa Firme, el Discurso que Distingue y la Salud sirven para subrayar la meta de obediencia moral inherente a estas enseñanzas.

Otros títulos que destacan las cualidades exclusivas del Corán lo distinguen de las obras simplemente humanas. Se le llama de las siguientes maneras:

• El Bien	• La Inspiración
• El Maravilloso	• El Exaltado
• El Excelente	• El Purificado
• La Luz	• El Poderoso
• El Uniforme	• El Elevado
• El Bendito	• La Prueba
• La Misericordia	

Estos nombres enfatizan la naturaleza eterna y divina que dice de sí mismo y exige que todo el que oiga este mensaje se incline ante su incomparable altura y belleza. Los musulmanes afirman con frecuencia que no hay libro alguno en la tierra que se pueda igualar al Corán en cuanto a su poder y su elegancia literaria. En los días de Mahoma se retaba con frecuencia a sus oponentes a tratar de formular su propia poesía de manera que igualara al genio creativo reconocido en el árabe coránico. No es de sorprenderse que las personas que hablan árabe y no son musulmanas afirmen que hay muchas obras tempranas en árabe que igualan o sobrepasan a ciertas partes del Corán, mientras que los musulmanes niegan de forma rotunda esa posibilidad. Sin duda, ¡la belleza depende del que la mire!

En sus conversaciones, los musulmanes suelen referirse casi siempre a sus escrituras como «el Glorioso Corán» o «el Noble Corán». En este último siglo, a medida que los musulmanes llegan a identificarse mejor con las afirmaciones de los cristianos con respecto a la Biblia, y su título tradicional de «Santa Biblia», algunos musulmanes le han aplicado este título al Corán, sobre todo en las traducciones inglesas. Aunque en el Corán no se encuentra el adjetivo «santo» como una descripción que haga de sí mismo, no hay duda de que esta idea se podría derivar de los otros títulos que aparecen allí. Como forma de abreviar, los musulmanes a veces se refieren al Corán llamándolo *al-Furqán* («El Distinguidor»), *Kalimat Allah* («la palabra de Dios», o sencillamente, *al-Kitab* («el Libro»).

El aprendizaje desde temprana edad

Durante sus años de estudios, el joven musulmán emplea mucho tiempo en aprender de memoria partes del Corán. Se insiste no solo en que aprenda de memoria los textos, sino también en que aprenda la pronunciación correcta de las palabras en árabe. Como es natural, en las naciones que no hablan árabe esto adquiere una importancia crítica. Puesto que la recitación de los textos coránicos es un elemento central dentro del ritual de oración musulmán, y como esas oraciones se deben decir en árabe, es esencial que la entonación de esos textos de sus escrituras sea la adecuada. Es triste que muchos musulmanes del Tercer Mundo no comprendan las palabras que repiten en sus oraciones, aunque sepan en su propia lengua lo esencial de lo que han aprendido de memoria en la escuela de árabe que dirige la mezquita local.

En el mundo árabe, el Corán ocupa un lugar de gran importancia en el programa escolar típico, desde la primaria hasta los años de universidad. Todos los estudios lingüísticos y de doctrina, así como los de historia, ciencia y artes, cantan las alabanzas del Corán y de una cosmovisión islámica. Cuando una persona se gradúa dentro de un sistema escolar musulmán, ha estado en contacto con la repetición memorizada de todo el Corán. En la universidad al-Azhar, de El Cairo, la universidad más antigua en continua existencia en todo el mundo, uno de los requisitos para poderse graduar es que el estudiante esté preparado para recitar como es debido y de memoria todo el Corán.

El arte y los esquemas geométricos

Aunque no se espera de todos los musulmanes una proeza de esta clase, el aprendizaje memorizado de grandes partes del Corán es algo a lo que se exhorta a todos los creyentes, así como su lectura continua. Una tradición del Hadit afirma: «El estado de un musulmán que lee el Corán es como la naranja, cuyo olor y sabor son agradables». Las sociedades islámicas se hallan inmersas en la influencia del Corán, que lo penetra todo. Se encuentran textos favoritos colgados de los retrovisores de los autos, tallados en las joyas y entremezclados en las conversaciones diarias.

El islam tiene una relación algo incómoda con el arte, puesto que Mahoma maldijo a los artistas que dibujaran o pintaran formas humanas o animales (como reacción ante el politeísmo de sus tiempos). De aquí que la mayor parte del arte en la cultura musulmana se derive de esquemas geométricos (como las incrustaciones de madreperla y de madera que se encuentran en los tableros de *backgammon,* en las cajas y en los muebles) o con caligrafía en árabe, cuyo estilo fluido se presta sin gran esfuerzo a formar unos diseños intrincados y encantadores.

Como es natural, el texto del Corán sirve como contenido fundamental de esa caligrafía de tipo ornamental. El arte caligráfico coránico se encuentra en las mezquitas, en los edificios

públicos, en las reproducciones valiosas y muchas veces antiguas del Corán y en los sitios santos islámicos. En las casas de los musulmanes devotos, donde se mantiene la prohibición de imágenes humanas o de animales, es típico hallar citas de sus escrituras en una caligrafía llena de colorido. En la pared de mi oficina tengo una de estas piezas de arte que solía estar colgada en el estudio de mi padre. Escrita en pergamino con tonos de azul y de oro y trazos rojos, la escritura arábiga casi danza con sus agraciadas curvas, y se entrelaza con unas líneas finas y delicadas y con una clara puntuación. No hace falta saber leer árabe para disfrutar de la belleza de esta desarrollada forma de arte.

Mi visita a Damasco y la memorización

Hay musulmanes que se ganan la vida como recitadores del Corán en ocasiones especiales familiares o sociales. El otoño pasado, mientras estaba en Damasco, visité la mezquita Umayyad, situada dentro de los muros de la ciudad antigua. En cuarto lugar entre los lugares santos del islam, después de La Meca, Medina y la Cúpula de la Roca en Jerusalén, esta mezquita es impresionante, y contiene entre otras reliquias la tumba de Saladino y un santuario donde se dice que se encuentra la cabeza de Juan el Bautista (es interesante ver que la tradición islámica le reconoce como profeta). Mientras mi guía me llevaba por la mezquita, nos detuvimos ante este santuario. Estaba rodeado de mujeres, porque la tradición sostiene que quienes tocan sus paredes de piedra y oran allí serán bendecidas con la fertilidad, tal vez basada en el hecho de que a Juan lo concibió Elisabet, quien fue estéril, y era de edad relativamente avanzada (véase Lucas 1:5-25 para el relato completo).

Cerca de este santo lugar especial, había un grupo de seis hombres sentados sobre alfombras persas, espaciados a un metro de distancia entre sí, y ajenos a la agitación que les rodeaba. Se mecían con suavidad hacia delante y hacia atrás, y sus labios se movían en silencio. Yo me había abierto paso entre ellos sin fijarme demasiado, cuando el guía me preguntó si comprendía para qué estaban allí. Le dije que no. «Todos estos hombres son ciegos», me respondió. «Se han aprendido perfectamente de memoria el Corán y se pasan los días en la mezquita recitándolo. La gente sabe que están aquí, y cuando quiere escuchar una recitación del Corán en las bodas o los funerales o en alguna ocasión familiar especial, contrata a uno de ellos, a quienes se les llama *qurra'* (es decir, individuos que han aprendido el Corán de memoria y pueden recitar cualquiera de sus partes).

En la sociedad musulmana se respeta en gran medida a estos hombres. Mayor estima aun reciben los que han aprendido de memoria el Corán y se convierten en intérpretes reconocidos de su mensaje. Una tradición del Hadit dice: «El mejor entre ustedes es el que ha aprendido el Corán y lo enseña» (al-Bukhari,

6.545). Se espera del maestro religioso que se haya esforzado mucho durante largo tiempo por comprender el significado de las palabras de Alá, y que consagre todas sus energías a conocerlo de manera íntima. Por eso, hay otra tradición que afirma: «El que es experto en el Corán debe hallarse a la altura de los "Honrados escribas justos", y el que lee el Corán con dificultad y se cansa al hacerlo [esto es, realiza un esfuerzo grande y honorable], recibirán una recompensa doble» (al-Bukhari, 6.459). Las conversaciones diarias entre conocidos musulmanes están siempre llenas de citas tomadas del Corán para apoyar sus conclusiones. En los debates públicos, mientras más versado esté alguien en el Corán, más verbalmente poderosos se acepta que son sus argumentos.

No obstante, el abismo en cuanto a perspectiva y conocimiento entre uno de estos eruditos y el típico musulmán de la calle suele ser inmenso. Aunque todos los seguidores de Mahoma sienten reverencia por el Corán como santísimo y muy exaltado, hay una delgada línea que, cuando se cruza a escala popular, convierte el libro en una fuente de poderes mágicos, o en objeto de adoración en sí mismo. Sobre todo en el islam del folclore, donde las creencias musulmanas se entrelazan con supersticiones de tipo animista, se considera el Corán como una poderosa ayuda en la batalla contra las fuerzas del mal. Es frecuente que los musulmanes supersticiosos lleven puestos talismanes (conocidos como *ta jwiz*). Lo típico es que están hechos de pana negra o de alguna otra tela, y llevan tejido o cosido un pedazo de metal en el cual hay grabado un texto coránico. De forma similar, los musulmanes llevan a veces alrededor del cuello o de la cintura, o en el brazo, una cajita de oro o de lata con un rollo dentro, en el cual hay textos coránicos escritos. Se considera que estos objetos alejan a los espíritus malignos, rechazan las maldiciones o el «mal de ojo» enviado por otros, y ayudan a la curación física y psíquica.

Otra práctica común es la que podríamos llamar «ingerir la palabra». Cuando alguien está enfermo, en peligro o desviado del camino recto, algunas veces se escriben versículos del Corán con tinta o pasta de sándalo en el interior de un cuenco o un plato. Después se echa agua en el recipiente para disolver lo que está escrito, y se le da esa agua al «paciente» para que la beba.

Hace algunos meses me enteré de una variación de esta práctica que usa una familia musulmana inmigrante que está en Chicago. La abuela tradicional, muy preocupada por las influencias sociales insanas que rodean a su nieta en este país, y su americanización cada vez mayor, escribió en un papel algunos versículos del Corán que tienen la reputación de ser muy poderosos en su influencia espiritual, después puso el papel en un vaso, lo llenó de agua y lo dejó reposar hasta que se disolvió la tinta. Cuando la joven en cuestión regresó a la casa aquel día, la abuela insistió en que se bebiera toda el agua. Solo de esa forma, una vez ingeridas literalmente las palabras sagradas en su cuerpo, la joven adolescente hallaría fortaleza para permanecer fiel a las doctrinas del islam.

Para ser justos, tenemos que decir que algunas veces los cristianos supersticiosos consideran la Biblia de una forma muy similar. Cuando era adolescente, conocí una devota joven criada en la zona de los Estados Unidos donde impera el fundamentalismo protestante. Un día de otoño cayó en cama con una irritación en la garganta que la molestaba cada vez más. Sin embargo, al día siguiente se sintió bien, y atribuyó esto al hecho de que, al irse a la cama la noche anterior, se había colocado una Biblia abierta sobre el cuello, y por este medio, Dios la había sanado. El uso supersticioso de los objetos santos no se limita a una sola religión.

Así como los cristianos buscamos en la Biblia dirección y orientación concreta para la vida, también los musulmanes apelan al Corán. Los que no conocen muy bien lo que contiene su libro santo, muchas veces usan el mismo método para buscar la voluntad de Dios en algún momento crítico de su vida. Después de orar para pedir dirección, abren las Escrituras al azar y, sin mirar, ponen el dedo índice en algún lugar de la página abierta. En la esperanza de que Dios esté en algún punto de toda esta mezcla, supervisando en su soberanía lo que están haciendo, leen el pasaje sobre el cual cayó su dedo índice, y tratan de justificarlo (si les es posible) como la voluntad de Dios para su vida en esta situación. Tanto los clérigos musulmanes como los cristianos censuran esta práctica, pero sigue existiendo en el ámbito popular, lo cual indica por lo menos dos cosas: el alto nivel de ignorancia que hay entre las masas en cuanto a lo que dicen sus respectivos libros santos con relación a la vida de acuerdo a la voluntad de Dios, y el hambre profunda que se evidencia en la gente religiosa de todo tipo por conocer y cumplir esa voluntad.

El día que se silenció la música

A fin de comprender mejor la mente musulmana, quiero terminar este capítulo presentando un contraste entre el lugar de la música con respecto al Corán y con respecto a la Biblia. En el mundo islámico se asocia la santidad con la seriedad y la gravedad. Por lo tanto, cuando se lee en público el Corán, debe cesar todo lo que haya estado sucediendo en el ambiente. Por respeto, todos deben escuchar la recitación, o dar la impresión de que la escuchan. No se permite música alguna, ni siquiera como fondo, cuando se recita el Corán. Se considera la música como una diversión o un esparcimiento, de modo que no tiene lugar dentro de un ambiente santo en el que se proclama el Corán. Para compensar esto, la cultura islámica ha creado una especie de arte vocal utilizado de manera estricta para la recitación pública de los versículos coránicos. Este arte llamado *tartil* usa la ululación y otras formas de modulación de la voz, junto con el alargamiento de diversas sílabas, con el propósito de crear el efecto de sonsonete o salmodia tan conocido a los oídos de todo el que haya viajado por el Oriente Medio. Sin embargo, los musulmanes no lo consideran música.

No hace mucho, mi padre, un musulmán de toda la vida, murió de repente en su hogar. Cuando llegó la temida llamada de mi hermano para darme la noticia, me cruzaron numerosos pensamientos por la mente, y el corazón se me llenó de anhelos, lamentos y esperanzas en cuanto al bienestar eterno de mi padre. Me sorprendió saber que nuestra familia estaba inflexiblemente decidida a que le sepultaran en Siria. Así que volamos hasta allí pocos días después. Para la recepción conmemorativa pública en su honor, se contrataron los servicios de varios de estos hábiles cantores.

Mientras nosotros permanecíamos sentados en un relativo silencio, estos cantores fueron recitando partes del Corán por turno. Durante los descansos se tocaba una música tradicional suave como fondo. En un momento, durante uno de esos descansos, comenzó una airada discusión. Aquel descanso se había producido durante las oraciones de la tarde, y muchos de los enlutados se dirigían a la mezquita vecina a la sala que nosotros alquilamos para la recepción. La discusión se centraba en el hecho de que se estaba recitando el Corán en el edificio contiguo, y que no era adecuado que se tocara música. Otros respondían que no se recitaba nada en nuestro salón y que, por tanto, todo estaba bien. La interpretación más conservadora fue la que ganó.

Para el musulmán, además, la santidad y la amplia gama de las emociones humanas no se mezclan entre sí. Los momentos de oración en la mezquita son sombríos y apagados. La adoración islámica típica no incluye música de ningún tipo. Esto es muy distinto al mundo cristiano, ¡que incluye en el canon de sus Escrituras un libro inspirado de cánticos (los Salmos)! Sin duda, tanto para los judíos como para los cristianos, la santidad exige la gravedad y la seriedad que acompañan a todo lo que es profundo. No obstante, la santidad también exige gozo, porque el Dios tres veces santo es también la fuente de toda bendición. En el corazón de su ser hay gozo, y en su presencia todo es bueno. A C.S. Lewis le gustaba decir: «El gozo es el negocio más serio del cielo».

Por tanto, no es de maravillarse que los cristianos, a lo largo de toda nuestra historia, hayamos utilizado la música como conducto para la expresión de toda la gama de nuestras emociones en el culto, en especial la alabanza y la adoración a Dios y el gozo de sabernos objeto de su amor redentor. La Biblia en particular nos proporciona de forma directa o indirecta el contenido para los textos de los himnos a los que les hemos puesto música. Lejos de sentir que las Escrituras son demasiado santas para combinarlas con la música, el cristiano sostiene que en ocasiones la música que tiene el estilo y la forma adecuados para complementar la verdad de las Escrituras es el único vehículo para expresar de la manera debida nuestra consagración a la santidad total de Aquel en el que creemos.

Dos libros santos diferentes, con dos vastas formas divergentes de usarlos en el culto. Si la Biblia es inspirada por Dios, ¿cómo es posible que también el Corán afirme serlo? ¿De dónde vino el Corán? ¿Cómo llegó Mahoma a la idea de proclamar que había recibido una revelación? ¿Por qué cautivan tanto a los musulmanes la forma y la estructura arábigas de este texto? Pasemos ahora a estas preguntas acerca del profeta árabe y su libro.

2

¿DE DÓNDE VINO EL CORÁN?

Hace tres años, una parienta siria me contó su experiencia cuando viajó a Medina después de realizar la *hajj* en La Meca. Fue para ofrecer sus respetos ante la tumba de Mahoma. Se le llenaban los ojos de lágrimas al describir la abrumadora sensación de gratitud y de devoción que sentía hacia Mahoma por su fidelidad y su ejemplo como el profeta de Alá. Sin él, según su creencia, no habría ninguna palabra clara de Alá acerca de la forma en que debía vivir, y sería pobre en lo espiritual.

El Corán y Mahoma tienen una relación de tipo simbiótico. Es casi imposible hablar de uno de los dos sin incluir de alguna forma al otro. Por lo tanto, si queremos hablar de forma adecuada acerca de los orígenes del Corán, necesitamos ver la vida de Mahoma y su afirmación de que era un profeta de Dios, dentro de la misma línea de los profetas del Antiguo y Nuevo Testamentos. ¿Dónde comienza la historia?

Huérfano

Nacido alrededor del año 570 d.C. en la poderosa tribu quraysh de La Meca, Mahoma quedó huérfano a muy temprana edad. Su padre murió unos meses después de su nacimiento, y su madre cuando tenía seis años. Tomado por un tío influyente llamado Abu Talib bajo su cuidado protector, Mahoma se crió dentro del negocio de los mercaderes, oficio muy usual en la capital del comercio dentro de la península Arábiga. Aunque no se sabe mucho acerca de su juventud, las fuentes musulmanas informan que a los doce años viajó con su tío a Siria; uno de los numerosos viajes en caravana que haría. Sin duda, durante estos viajes, entró en contacto con las grandes religiones monoteístas enraizadas en el Oriente Medio; es decir, el cristianismo y el judaísmo. El inquieto joven tiene que haber notado el fuerte contraste entre sus enseñanzas y prácticas por un lado, y las de su tribu pagana y sus vecinos por otro.

Le proponen matrimonio

Al parecer exitoso como comerciante y con reputación de honrado (en sus días preproféticos le dieron el sobrenombre de *al-Amin*, «el digno de confianza»), a Mahoma le contrataron a los veinticinco años para administrar los negocios de una viuda rica llamada Jadiya. Aunque quince años mayor que él, Jadiya se enamoró de Mahoma y le propuso matrimonio. Él aceptó, y disfrutaron de veinticinco años de fiel vida de casados antes que ella muriera. Solo después de la muerte de Jadiya, Mahoma comenzó a practicar la poligamia, llegando a casarse con once esposas, pero Jadiya retuvo siempre un lugar inviolable en su corazón.

Jadiya fue la persona que tranquilizó a Mahoma cuando a los cuarenta años de edad comenzó a oír voces y ver visiones. Durante años, él se había estado retirando en privado a unas cuevas del monte Hira, en las afueras de La Meca, a fin de meditar y estar en silencio. Un día volvió a su hogar lleno de consternación, pues se encontró en un sueño con un ser sobrenatural. Temiendo estar poseído por un espíritu maligno, o ir camino de convertirse en un despreciable adivino, buscó la ayuda de su esposa y de su primo y amigo Waraqa. Las fuentes musulmanas informan así sobre este suceso que definió la vida de Mahoma:

Un día la revelación descendió sobre él, y el ángel vino a él y le dijo: «Lee», pero el profeta dijo: «Yo no soy lector». Y el profeta dice que el ángel lo tomó y lo apretó tanto como él pudo soportar, y después le dijo de nuevo: «Lee», y el profeta dijo: «Yo no soy lector». Entonces el ángel lo tomó por segunda vez, y lo apretó tanto como él pudo soportar, y después lo soltó y le dijo: «Lee»; entonces el profeta le dijo: «Yo no soy lector». Entonces el ángel tomó al profeta, y lo apretó, y le dijo:

«Lee, en el nombre de tu Señor que creó;

Creó al hombre con coágulos de sangre:

¡Lee! Porque tu Señor es el más Benéfico, el que ha enseñado el uso de la pluma;

Le ha enseñado al hombre lo que él no sabe».

Entonces el profeta repitió las palabras con el corazón estremecido. Y volvió a Jadiya y dijo: «Envuélveme, envuélveme». Y lo envolvieron en unas vestiduras hasta que desapareció su temor; y le contó a Jadiya lo ocurrido, y le dijo a Jadiya: «Tenía miedo de morir». Entonces Jadiya dijo: «No, no va a ser así, lo juro por Dios. Él nunca te hará melancólico ni triste. Porque tú eres bondadoso con tus parientes, hablas la verdad, gastas en buenas obras lo que ganas como mercader, eres hospitalario y ayudas a los demás hombres»[1].

Pasó bastante tiempo entre su primera visión y las visitas celestiales posteriores, y durante ese tiempo, Mahoma se fue deprimiendo cada vez más, temeroso de que Dios lo odiara o lo hubiera abandonado. El Hadit de al-Bukhari (9:111) dice que durante este tiempo Mahoma pensó en suicidarse tirándose de un precipicio. Sin embargo, finalmente se dice que el ángel regresó y le habló al profeta novato una vez más: «Tú que estás envuelto en tu manto, levántate y predica». En el Sura[2] 74 aparecen otras instrucciones más procedentes de este encuentro. Mahoma comenzó a desarrollar una nueva identidad como apóstol del único Dios verdadero, llamado a exhortar a su pueblo idólatra al arrepentimiento, y al conocimiento y servicio de Alá. En La Meca, los miembros de su tribu debían reconocer su manto profético y someterse en obediencia, escogiendo así el cielo y no el infierno, preparándose bien para el cercano Día del juicio.

La oposición a su mensaje

Durante los diez primeros años, el mensaje de Mahoma halló mucha resistencia. Al fin y al cabo, La Meca era algo así como el supermercado por excelencia de la adoración a los ídolos, y asestarle un golpe al politeísmo era algo que tenía graves consecuencias, no solo religiosas, sino también económicas. Aunque unos cuantos parientes y amigos de Mahoma lo apoyaron, la mayoría de los quraysh lo denunció y comenzó a perseguir el movimiento.

El problema no estaba en el llamado a aceptar a Alá como el ser supremo; los de la tribu quraysh estaban dispuestos a concederle ese punto. Es más, el gran dios Alá recibió el título de «Señor de la Kaaba [el santuario central de La Meca]». Sin embargo, Mahoma no permitía que hubiera socios menores en este asunto; todos los dioses inferiores tenían que desaparecer. El Corán menciona de forma concreta tres diosas que los quraysh creían que les servían de intercesoras (53:19-22). Popularmente se conocían como las hijas de Alá, pero Mahoma atacó esta creencia utilizando el chauvinismo cultural de sus tiempos para decir que si Alá fuera a tener algún tipo de descendencia, de seguro habría escogido tener hijos y no hijas. El hecho de que no tuviera hijos excluye la posibilidad de que hubiera unas hijas de Alá. Los quraysh respondieron intensificando la persecución.

Muerte en la familia y huida

Durante este período tan difícil, fallecieron Jadiya y Abu Talib (la esposa y el protector de Mahoma), lo cual significó para el profeta un fuerte golpe emocional. Comenzó a desesperarse de la vida en La Meca, así que se marchó con su hijo adoptivo Zaid a fin de predicar por vez primera en el poblado cercano a Taif. Decir que su mensaje no fue bien recibido sería quedarse corto; los apedrearon y los echaron del pueblo. Con todo, al año siguiente, la fortuna de Mahoma comenzó a cambiar. Durante la peregrinación pagana anual a La Meca, conoció a seis hombres del poblado de Yatrib (Medina, a unos trescientos kilómetros al norte de La Meca), los cuales aceptaron sus enseñanzas y aceptaron propagarlas cuando regresaran a su tierra.

Al cabo de dos años, setenta hombres de Yatrib habían comprometido su vida con Mahoma y prometido protegerlo. Cuando los quraysh, el clan tribal de Mahoma, descubrieron el éxito de este en Medina, sintieron que se convertía en una posible amenaza a su posición social y tramaron matarlo. Sin embargo, Mahoma se escapó de la ciudad y, después de esconderse dos días en una cueva con Abu Bakr, huyó sin problemas a Yatrib el 20 de junio de 622. Lo sucedido en esta fecha se conoce como la *Hijra* o Hégira («huida, migración»), la cual sirve de comienzo al calendario musulmán.

Mahoma y sus seguidores se fortalecieron en Yatrib, a la que él le dio el nuevo nombre de Madinat-al-Nabi («ciudad del profeta»), abreviado más tarde solo a Medina. A medida que se reunían a su

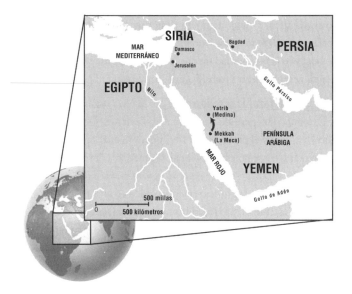

alrededor los seguidores procedentes de diversas tribus, abandonaban sus antiguas lealtades tribales para formar una nueva unidad social (conocida como la *umma*, es decir, «la comunidad»), basada en una nueva lealtad primordial a Alá, a su Mensajero y a todos los verdaderos creyentes. Allí fue donde adoptaron con orgullo el nombre de musulmanes («los que se someten»).

Recibe revelaciones en Medina

Mientras que la mayoría de las revelaciones de Mahoma en el primer período de La Meca eran relativamente cortas, poéticas y centradas en el mensaje de un monoteísmo estricto, sus revelaciones en Medina se fueron volviendo cada vez más largas, las impartía en las calles y estaban dedicadas a los detalles sociales, políticos y militares asociados con el desarrollo de una comunidad creciente en medio de unos partidos hostiles. En Medina vivían tres tribus de judíos, quienes rechazaron la proclamación de que Mahoma era profeta, lo ridiculizaron y procuraron llevarlo a la ruina. La respuesta de Mahoma fue obligar a dos de las tribus a marcharse de la ciudad y ordenar una matanza contra la tercera. Entonces volvió la mirada a La Meca, con el afán de conquistar esa ciudad (de manera pacífica, si era posible) e instituir el islam como la única religión de la ciudad santa. A los diez años de su huida de La Meca, volvió triunfante, acabó con los ídolos y con su adoración, e instituyó muchas de las prácticas rituales de la peregrinación *hajj*, que continúan hasta el día de hoy.

A lo largo de toda su vida desde los cuarenta años, Mahoma siguió recibiendo revelaciones. Nunca se pensó que Alá hubiera acabado de hablar, hasta la inesperada muerte de Mahoma, y con su muerte vino el fin de las palabras de Alá al mundo. Era evidente para sus seguidores que Mahoma sirvió como el único conducto de revelación en sus días, y como el profeta definitivo de los tiempos. No habría más material que recoger en el Corán.

Un libro milagroso

Los musulmanes creen que el Corán goza de una inspiración divina superior a cualquier otro libro anterior o posterior a su recopilación. Se le considera un milagro de lenguaje y verdad perfectos, dado al mundo por medio de alguien «iletrado» y, por tanto, incapaz de haberlo ideado por su cuenta. Se dice de Mahoma que señalaba las revelaciones que se le dieron como una señal irresistible de su condición de profeta, puesto que las tradiciones religiosas enseñaban que todo verdadero profeta podía hacer milagros. Al no tener ningún otro milagro en su haber, Mahoma alegaba contra sus oponentes de La Meca que el Cristo era su milagro y que, debido a su gran importancia, bastaba con ese milagro.

Los escépticos, sin embargo, estaban repletos de acusaciones en cuanto a que esas «revelaciones» suyas se inventaron, o se tomaron de otras fuentes con ligeras alteraciones, y Mahoma era sensible a estos ataques. En el propio Corán hallamos una defensa, al parecer salida de los labios de Alá, en apoyo a la integridad de Mahoma (aunque, por supuesto, fue el propio Mahoma el que informó lo que se suponía que le había dicho Alá: véanse 9:16; 10:39; 11:16; 52:34; también 4:94; 53:4).

La noche de poder

La mayor parte de los musulmanes considera el Corán terrenal escrito en árabe como una copia perfecta de un original celestial no creado. Aunque los materiales coránicos que tienen en las manos son, por supuesto, objetos creados con tinta, papel y pegamento, el contenido de lo que contienen es eterno en su esencia. Puesto que la palabra de Alá no se creó, tampoco se creó su significado. Hay un debate sobre si el libro eterno mismo está escrito en árabe, en cuyo caso, se considera el árabe como la lengua nativa del cielo, o si Alá lo tradujo al árabe, del cual lo copiaron unos escribas justos y nobles en el cielo (80:15) y después lo enviaron completo al cielo más bajo.

Al aniversario de este monumental suceso se le conoce como «la noche de poder», misterioso suceso celebrado en el calendario islámico de días sagrados hacia el final del mes de Ramadán. Puesto que la noche de poder se celebra durante el Ramadán, todo el mes está cargado de un significado especial. Muchos musulmanes tratan de recitar el Corán entero durante estos treinta días. Aunque no se dice de nadie que conociera la fecha exacta de la noche de poder, con excepción del profeta Mahoma y tal vez unos cuantos de sus compañeros más cercanos, la mayoría de los musulmanes la conmemoran en el día veintisiete de Ramadán.

El Corán proclama que esta noche es de mayor valor que mil meses, y llena de bendiciones para todos los musulmanes, porque es la conmemoración del envío de las palabras del propio Alá a la tierra.

Según la tradición, fue este Corán celestial en árabe el que le transmitió el ángel Gabriel por partes a Mahoma a lo largo del tiempo. En el propio Corán, se dice que las revelaciones de Mahoma se tomaron de «una Tabla bien guardada» (85:22), la «Escritura Matriz» (43:4) escondida del contacto de todos, menos de los puros (56:79). Al musulmán árabe típico, la creencia en un Corán celestial en árabe lo lleva con solución de continuidad al orgulloso concepto de que el árabe es el lenguaje del cielo, y por eso Dios apartó de manera favorable a los pueblos árabes. El hecho de que las cinco oraciones diarias del islam la deban aprender y recitar en árabe todos los convertidos, sepan árabe o no, subraya la centralidad de este idioma en la vida del islam. Esta exigencia se debe a que el árabe coránico es el lenguaje de la revelación, y gran parte de las oraciones rituales comprende la debida recitación de pasajes del Corán.

¿Se puede confiar en las traducciones?

Siguiendo esta misma idea, los musulmanes de hoy no consideran que las traducciones del Corán a otros idiomas sean el verdadero Corán, porque el mensaje de revelación y la lengua árabe son inseparables. De aquí que se considere que las traducciones sean interpretaciones, y por esta razón menos confiables de por sí que el texto árabe. Las traducciones aprobadas por los concilios islámicos nunca se imprimen solo en la lengua del lector no árabe, sino siempre con el texto árabe junto a ella en la misma página o la página contigua.

El mundo musulmán cree de manera uniforme que es cierto que Mahoma recibiera revelaciones celestiales. Menos consenso existe en cuanto al agente y la forma de esas revelaciones. El «hombre de la calle» musulmán sostiene que el ángel Yibrail (Gabriel) fue el agente divino que le trajo los mensajes a Mahoma, diciéndolos con tanto poder y belleza como para escribir las palabras de una manera perfecta en el corazón del profeta. Por consiguiente, cuando el joven profeta regresaba de su encuentro celestial, podía pronunciar sin error alguno las palabras aprendidas en la presencia de Gabriel. Entonces sus seguidores copiaban las últimas revelaciones en lo que tuvieran a mano: ramas de palmeras, huesos, papel, o incluso piedra, a fin de mantener un registro escrito. Estas copias terminaron reunidas en el libro que se conoce hoy como el Corán.

El papel de Gabriel y el Espíritu Santo

Sin embargo, ni el Corán ni las tradiciones son tan simplistas. Solo una vez se menciona a Gabriel en el propio libro santo musulmán como el medio de inspiración para las recitaciones de Mahoma (2:98). En cambio, el Sura 16:102 sí habla de la revelación de Dios a Mahoma de esta forma: «Di: "El Espíritu Santo lo ha revelado de tu Señor con la Verdad"». Hay otras menciones coránicas que son inocuamente generales: En 26:193, «El Espíritu digno de confianza» le trae el verdadero mensaje a Mahoma; en 53:5, el agente es «el muy poderoso». Por lo general, las tradiciones hablan del mensajero celestial como un ángel, al que a veces se le da el nombre de Gabriel, pero que a menudo no se le da nombre alguno. Puesto que la explicación del Corán en cuanto a los encuentros en que Mahoma recibió sus revelaciones combina los términos «ángel» y «espíritu» e identifica a Gabriel y al Espíritu Santo como realizando la misma función de mediación, parece evidente que

Mahoma los confundía a los dos, y unió dos entidades que son distintas en la Biblia, convirtiéndolas en un solo ser.

Esta conclusión la apoya más aun el hecho de que la inmensa mayoría de los comentaristas musulmanes (desde los tiempos clásicos hasta los modernos) usan los nombres de Gabriel y del Espíritu Santo como sinónimos. Además, en la literatura islámica se habla de Gabriel como «el Espíritu Supremo», «el Espíritu Honorable» y «El Espíritu en el que hay que vaciarse». Algunos expertos cristianos han sostenido la hipótesis de que el concepto de Mahoma quizá surgiera de una mala interpretación de la narración hecha por Lucas sobre el nacimiento de Jesús, en la cual el ángel Gabriel sirve como mensajero de Dios a María (Lucas 1:26) sobre la concepción virginal que se realizaría en ella: «El Espíritu Santo vendrá sobre ti, y el poder del Altísimo te cubrirá con su sombra. Así que al santo niño que va a nacer lo llamarán Hijo de Dios» (1:35). O bien Mahoma, o sus fuentes, tal vez confundiera de manera involuntaria al mensajero de las buenas nuevas con el agente que más tarde haría que sucediera lo que él anunciaba, y después llevara esta confusión a las descripciones de sus propias pretensiones de encuentros celestiales.

Una de las esposas favoritas de Mahoma, llamada Aisha, informa en las tradiciones que las revelaciones iniciales del profeta no le llegaron nunca por medio de un ángel, sino que se las enviaron a través de sueños: «Las primeras revelaciones que recibió el profeta fueron en realidad sueños, y él nunca soñó, sino que sucedió de una forma tan regular como el amanecer» (Mishkat 24:5). Dada la afirmación en otros lugares de la tradición islámica de que las primeras experiencias proféticas de Mahoma estaban llenas de dudas en cuanto a su fuente, e incluso del temor de que pudiera estar poseído, la falta de claridad o de certeza con respecto al verdadero agente del contenido del Corán es penosa para los que tratan de sopesar las afirmaciones del islam.

Cómo recibió Mahoma su revelación

Puesto que son varios los puntos de vista acerca del agente o agentes de la inspiración en la creación del Corán, no nos debería sorprender que los musulmanes reconozcan una pintoresca variedad de modos en los cuales se le entregó esa inspiración a Mahoma. Las tradiciones dicen que Aisha informaba que algunas veces Mahoma estaba envuelto en un resplandor como el resplandor de la mañana, y en esos momentos, Gabriel le comunicaba de alguna manera al profeta la voluntad de Dios. En otros momentos, al parecer, Mahoma oía el tintineo de una campanilla, a través del cual solo él podía discernir las palabras que le comunicaba el mensajero del cielo.

De estas experiencias auditivas en particular se decía que eran abrumadoras para el profeta de manera física y emocional; cuando el tintineo llegaba a sus oídos, se agitaba todo su cuerpo y sudaba en abundancia, aunque fuera invierno. Su rostro, casi siempre resplandeciente, palidecía, e inclinaba la cabeza ante el peso de lo que oía. Si estaba montado en un camello durante un episodio así, el camello caía al suelo, al parecer por el peso. La tradición dice que en dos ocasiones unos ángeles con seiscientas alas aparecieron como portadores de la revelación divina. Además, Gabriel a veces, aunque no en una forma corporal, inspiraba de manera invisible el corazón de Mahoma, de forma que las palabras que salieran de sus labios no fueran otras más que las palabras de Dios. En medio de los sueños, se nos dice que Dios a veces se le aparecía al profeta, le ponía las manos en los hombros y le hablaba directamente.

Sin embargo, tal vez la afirmación más exaltada de todas las de Mahoma en cuanto a un encuentro divino, mediante el cual recibió revelación, está atado con lo que se ha llegado a conocer como el *Miraj* («subida»). Este suceso, al cual se refiere el Corán (17:1), se dice que se produjo en el duodécimo año del ministerio de Mahoma: «¡Gloria a Quien hizo viajar a Su Siervo de noche, desde la Mezquita Sagrada [Masjid al-Haram, la mezquita sagrada de La Meca] a la Mezquita Lejana [la mezquita sagrada de Jerusalén]!». Algunos eruditos musulmanes creen que el *Miraj* fue solo una visión, pero la mayoría considera que se trata de un verdadero viaje. Las tradiciones embellecen esta mención del Corán, afirmando que la verdadera ascensión no fue de La Meca a Jerusalén y de vuelta, sino de La Meca a Jerusalén, de allí al cielo y de vuelta.

Por cierto, según el relato, a Mahoma lo tomó un corcel volador junto a Gabriel y atravesó los siete primeros niveles del cielo, encontrando en cada punto a uno de los grandes profetas de la historia. En el nivel más alto, se dice que Alá le habló de forma directa, sin la mediación de ningún ángel. Allí, el profeta recibió instrucciones con respecto a las exigencias divinas para las oraciones de los fieles; todos los musulmanes debían realizar los ritos de las oraciones cincuenta veces al día. Moisés (que residía en el sexto nivel del cielo) le preguntó a Mahoma qué le ordenó Alá, y después que este se lo dijo, lo convenció de que esa carga sería demasiado grande para la gente. Le insistió en que regresara donde Alá y negociara con él a favor de su pueblo, cosa que él hizo. Después de cinco sesiones de regateo, la exigencia de oraciones quedó reducida de cincuenta a cinco. Moisés siguió pensando que eran demasiadas, pero Mahoma le dijo que estaba muy avergonzado para pedir una reducción mayor, así que el número de oraciones obligatorias para los fieles sigue siendo de cinco.

¿Un libro perfecto sin errores?

Como aprendimos en el capítulo anterior, el islam exige que se crea en la perfecta transmisión de la verdad del cielo a la tierra por medio del profeta Mahoma, todo lo cual se recogió sin error ni omisión después de su muerte en la forma del Corán. Este libro, dicen los fieles, no ha cambiado ni se ha corrompido desde el día en que quedó recopilado por completo. Esta afirmación es necesaria desde el punto de vista apologético, a causa de los sustanciales conflictos existentes entre el Cristo y la Biblia en muchos frentes distintos. Puesto que Mahoma afirmó antes en su ministerio que su dios era idéntico al Dios de la revelación bíblica, y que si sus oyentes tenían alguna pregunta acerca de sus revelaciones debían consultar con «el pueblo del Libro» (esto es, los judíos y los cristianos) para buscar claridad y apoyo, surgió de manera natural la suposición de que lo revelado por medio de él podría encajar con solución total de continuidad con las revelaciones que se encuentran en la Biblia. Cuando los cristianos y los judíos comenzaron a estar en desacuerdo con algunas de las enseñanzas de Mahoma, y cuando otras investigaciones descubrieron diferencias significativas entre los relatos coránicos de los sucesos bíblicos y esos mismos relatos en la propia Biblia, había que resolver las tensiones entre estas afirmaciones de Mahoma que estaban en conflicto entre sí.

La solución islámica fue llegar a la conclusión de que, como el Corán no podía estar errado, la Biblia tenía que haberse corrompido. Aunque en un principio afirmó las mismas verdades que el Corán, a lo largo de los años los judíos incrédulos habían pervertido las enseñanzas de Moisés y de David, y los cristianos incrédulos habían torcido las revelaciones de Jesús. Esta manera de enfocar la situación les permitió a Mahoma y a sus seguidores s sostener que de seguro Dios escogió en el pasado a judíos y cristianos como pueblo suyo, pero con el tiempo habían preferido seguir los susurros del diablo y así habían contaminado la verdad con errores. Como no estaban dispuestos a arrepentirse reconociendo a Mahoma como profeta, ahora se debían mirar como enemigos de la fe, o al menos como personas engañadas por el maligno.

¿Mahoma hizo correcciones?

Si la revelación de Dios en el pasado se pudo pervertir, ¿qué podría evitar que le sucediera lo mismo al Corán? La respuesta del musulmán es que esta vez Dios le habló de forma directa al profeta por medio de un ángel, registrando las palabras de manera indeleble en su memoria, y cuando él se las presentó más tarde a la gente, se copiaron sin error alguno y se mantuvieron seguras. Por consiguiente, todas las sílabas del Corán son divinas con exactitud; no hay posibilidad alguna de que se deslice en ellas un error. En el próximo capítulo veremos que la recolección y la transmisión del material coránico no fueron tan simplistas. Sin embargo, debemos decir que el corazón sí admite que a veces Mahoma corrigió algunas de sus revelaciones anteriores, después de descubrir que de alguna forma «estaban equivocadas».

Esto ocurre de dos maneras. A veces, Mahoma revelaba material que contradecía alguna revelación anterior. Como argumento lógico, afirmaba que Alá había anulado la anterior e instalado la posterior como una versión «nueva y mejorada». Así, en el Sura 2:106 se hace declarar a Alá: «Si abrogamos una aleya [un versículo] o provocamos su olvido, aportamos otra mejor o semejante. ¿No sabes que Alá es omnipotente?». Aunque nos cause asombro, a Mahoma nunca pareció incomodarle la falta de coherencia que hay en afirmar que el Corán es la réplica perfecta del libro eterno de Dios, y al mismo tiempo declarar que a veces Dios les debe dar una forma nueva a las revelaciones anteriores, o incluso anularlas.

Sin embargo, en segundo lugar, y esto preocupa más aun, al parecer a veces Mahoma mezclaba sin darse cuenta la verdad y el error en sus informes sobre las revelaciones de Dios. Estos pasos mal dados los defendía, admitiendo que aunque pudiera haber caído en error sin intención alguna de hacerlo, Dios no permitiría que siguiera en ese error, sino que siempre le enviaría otra revelación para corregir una comprensión defectuosa.

El más famoso de estos incidentes se conoce como «los versículos satánicos», frase conocida por largo tiempo en el islam, y popularizada en Occidente a través de la novela publicada por Salman Rushdie en 1988 que lleva ese nombre. Aunque la obra de Rushdie es de ficción, y tiene como intención hacer una sátira de los partidarios del islam y sus prácticas, más que de Mahoma y el Corán en sí, la expresión «versículos satánicos» se refiere a un suceso de la vida del profeta muy conocido en las fuentes islámicas tradicionales.

En los primeros tiempos proféticos de Mahoma, cuando se enfrentaba a la oposición de su clan de La Meca, pero que aún no se había declarado persona non grata, al parecer el profeta buscó una forma de ganarse a los habitantes de la ciudad santa mediante una serie de concesiones. Un día, cuando los principales líderes de la ciudad estaban reunidos junto a la Kaaba (reverenciada aun en tiempos pre-islámicos como el más santo de los santuarios de Arabia) para el estudio diario de los asuntos de la comunidad, se presentó ante ellos Mahoma, se sentó con tranquilidad en medio de ellos y comenzó a recitar lo que se convertiría en el capítulo 53 del Corán. La revelación tenía que ver con la categoría de tres diosas apreciadas en particular por los habitantes de La Meca: al-Lat, al-Uzza y Manat. Los paganos habitantes del lugar consideraban estos ídolos como hijas del gran dios Alá, y las adoraban como protectoras de la ciudad.

Cuando Mahoma alcanzó en su recitación el punto en el que hizo la pregunta: «¿Y qué os parecen al-Lat, al-Uzza y la otra, Manat, la tercera?», como es natural, ellos sintieron gran interés por la respuesta que les daría. Se sintieron gozosos cuando él siguió diciendo: «Son mujeres exaltadas, y es de esperar de seguro su intercesión». Aquí había una concesión que podrían aceptar. Se reconocería a Alá como el dios supremo, pero sus hijas seguirían siendo reconocidas y se les ofrecería la honra debida. Sin embargo, más tarde, cuando los seguidores convencionales de Mahoma escucharon esta «revelación», expresaron su sorpresa y no creyeron que Mahoma pudiera afirmar algo tan contrario a sus decretos anteriores.

No es de sorprenderse que al cabo de poco tiempo, Mahoma trajera una nueva revelación que corregiría este error. Según dijo, el ángel Gabriel le dio «la verdadera lectura» del pasaje, en la cual la respuesta a esta misma pregunta decía ahora: «¿Para vosotros los varones y para Él las hembras? Sería un reparto injusto. No son sino nombres que habéis puesto vosotros y vuestros padres» (Sura 53:19-23).

Aquí se censura a los habitantes de La Meca, no solo por atribuirle descendencia a Alá, sino sobre todo por pensar que Dios (solo) tendría hijas, mientras que los seres humanos podían tener hijos. En el contexto de la cultura árabe, donde los hijos eran muy valorados, y las hijas apenas toleradas, si no se las mataba al nacer, esta réplica coránica tiene el propósito de avergonzar a los idólatras para que se arrepientan de sus pensamientos indignos acerca de Dios. Se reafirma el riguroso monoteísmo del islam primitivo, pero a expensas de la reputación de Mahoma como alguien que oye con claridad lo que le dice Dios.

Sigue vigente la incómoda pregunta: Si Mahoma pudo presentar con toda tranquilidad como revelación de Alá algo que resultó ser (según la propia tradición islámica) una perversión procedente de Satanás, ¿cómo se puede estar seguro de que no hay más perversiones que no se hallaron o corrigieron? Por supuesto, la respuesta musulmana es que Alá ha protegido su verdad para evitar que quede error alguno en las revelaciones escritas definitivas. Aun así, esto hace surgir otra pregunta más: Si Dios tiene tanto cuidado en proteger la transmisión de su verdad por medio de Mahoma hasta su forma final en el Corán, ¿por qué no habría de ser igual de cuidadoso en proteger la verdad que presentó por medio de los profetas anteriores a él?

En otras palabras, ¿por qué Dios no había protegido la Biblia, que ahora los musulmanes sostienen que se ha torcido, porque enseña cosas contrarias al Corán? O Dios se ha revelado a plenitud por medio de Jesucristo y de la Biblia (que sirve como el testimonio primario y lleno de autoridad acerca de Él), o se ha revelado a plenitud a través del Corán. No se pueden aceptar ambas cosas como verdades definitivas, puesto que señalan en unas direcciones abiertamente distintas. Por consiguiente, los cristianos, que tienen en la Biblia la revelación escrita de Dios, deben tratar de responder la pregunta sobre la procedencia del Corán.

¿Unas caracterizaciones simplistas?

Tal vez con más celo que sabiduría, algunos líderes cristianos han caracterizado a Mahoma a lo largo de los siglos como un falso profeta inspirado por demonios, un charlatán, un líder político hambriento de poder, o de manera más reciente, un terrorista.

Los hechos de su vida no apoyan estas caracterizaciones simplistas. Todos sus testigos contemporáneos lo reconocían como un hombre íntegro y, por lo general, de carácter noble. Aun siendo el poderoso líder de un movimiento religioso y político en crecimiento, Mahoma no se aprovechó de su posición para su interés personal. Raras veces complacía sus apetitos (con excepción de las cuestiones sexuales, en las cuales mantuvo un número excesivo de relaciones poligámicas), y atendía sus propias necesidades personales cuando le habría sido fácil apoyarse en otros, además de mantenerse a cada momento entregado a sus propias costumbres religiosas.

Es cierto que se dedicó a la práctica de asaltar caravanas, que adoptó con todas sus fuerzas un estilo de vida poligámico (aun más allá de lo permitido en el Corán), y que mató hombres en batalla e hizo ejecutar algunos prisioneros y enemigos por negarse a someterse a su voluntad, pero en estas prácticas solo era un hombre de sus tiempos. En la Arabia occidental del siglo VII, estas prácticas eran comunes. Por supuesto, esto no las justifica. Aunque sí ayuda a darse cuenta de que Mahoma no hacía caso omiso del código moral de sus tiempos.

Un buscador espiritual

En cuanto a su vida religiosa, sería adecuado decir que en su juventud Mahoma era un buscador. Se retiraba con frecuencia a los montes para meditar en soledad y parecía hecho de un material distinto a sus compañeros politeístas. Su inquebrantable consagración a un monoteísmo monolítico iba contra las tendencias de sus días, y lo relacionó muy pronto, tanto con las tribus judías como con las cristianas, contra la población mayoritaria de paganos. Tal vez viera con suficiente claridad a través del orden creado que la adoración de ídolos era algo inútil y ofensivo para el verdadero

Creador (véase en Romanos 1:20-23 el comentario de Pablo sobre el hecho de que la mente no regenerada es capaz de discernir acerca de Dios mediante el estudio de la naturaleza). Por eso, era natural que se inclinara hacia la minoría (las tribus judías y cristianas de Arabia que le rodeaban), cuya principal distinción era que adoraban y proclamaban al único Dios verdadero del Libro (esto es, la Biblia).

Por relatos del Corán y de la literatura del Hadit, y también por las primeras biografías musulmanas de Mahoma, sabemos que tuvo muchos contactos y relaciones importantes con cristianos, y en menor grado con judíos. No es difícil imaginarse que gran parte del contenido de la teología inicial de Mahoma estaba inspirado por lo aprendido de manera directa en estas fuentes, o escuchado de forma indirecta en ellas. Su comprensión equivocada de la teología cristiana se podría atribuir a la falta de comprensión ortodoxa entre los propios cristianos árabes (al fin y al cabo, estaban más o menos alejados de todos los centros principales del saber cristiano), o a que él no haya estado dispuesto a ahondar demasiado en una fe cuyos orígenes veía como exteriores a las fronteras de los pueblos árabes. No obstante, su teología siempre se mantuvo inquebrantablemente monoteísta, en línea con la teología de la revelación pre-cristiana a un nivel significativo.

Un libro hermoso

No podemos esconder la realidad de que para los musulmanes el Corán es el modelo de la literatura árabe. Afirman que no hay nada tan exquisito ni tan atractivo como la cadencia y la belleza literaria que infunde el árabe coránico. Es tan elevado, que solo se podría haber elaborado en el cielo. Para los musulmanes que hablan árabe, esto sirve como demostración primordial de su naturaleza divina, y de que es cierto lo que afirmaba Mahoma en cuanto a ser el apóstol definitivo enviado por Dios con una palabra infalible para el género humano. Hasta los árabes nativos que no son musulmanes admiten que en el lenguaje del Corán hay una belleza casi mística.

Una de mis parientas sirias, que ya no se considera una musulmana religiosa, afirma aún que cree que por lo menos ciertas partes del Corán deben haber tenido un origen celestial por el efecto que tienen la composición y el sonido del texto en quien lo escucha o lo lee. Es difícil decir con palabras la forma en que este elemento estético del Corán influye en las personas que hablan árabe. Con todo, no hay duda de que su lenguaje se ha convertido en la quinta esencia del árabe elegante, y hay una extendida creencia en cuanto a que no existe autor humano alguno que lo pueda igualar.

Por supuesto, para los que no son musulmanes, este argumento no tiene tanta fuerza. Aunque muchas veces la belleza es la sirvienta de la verdad, todos conocemos muchas situaciones en las que se usa la belleza al servicio de la falsedad. Si, tal como dice el Nuevo Testamento, el padre de las mentiras puede aparecer como ángel de luz, debemos estar alertas en cuanto a la idea de asociar de manera necesaria la belleza con la verdad. Hay criterios bien reconocidos para determinar la verdad que contienen las afirmaciones. La belleza literaria no está entre esos criterios.

Entonces, ¿acaso no es la belleza una obra de Dios? Si así es, ¿no señala esto en sí mismo al cielo como la fuente del Corán? Sin duda, los cristianos creen que Dios es la fuente definitiva de todas las cosas buenas, incluyendo todo tipo de belleza. Sin embargo, esto no convierte en necesario el que Dios fuera el autor del Corán. Como ya vimos, Satanás muy bien puede tejer una falsa telaraña de belleza para atrapar a los confiados. Y, por cierto, algunos críticos del islam han sostenido que la inspiración de Mahoma para la composición del Corán debe proceder del diablo, puesto que no podría haber venido de Dios. De modo que los cristianos no están obligados a llegar a una conclusión de este tipo. Puesto que los seres humanos son creados a imagen de Dios, reconocemos que todos están dotados con ciertas capacidades. Hay algunos, como Miguel Ángel, Milton, Shakespeare, Renoir y Cervantes, que se les aclama como genios de la estética. Es del todo posible ver a Mahoma de la misma forma: como un hombre de una extraordinaria capacidad de oratoria, cuyas ideas religiosas, combinadas con una expresión poética de tipo intuitivo, produjeron el material que conocemos hoy como el Corán.

Tal como veremos en el próximo capítulo, las recitaciones de Mahoma no se produjeron en el mismo orden en que aparecen hoy dentro del libro santo islámico, ni tampoco están todas en él. ¿Cómo llegaron las palabras pronunciadas por Mahoma a quedar escritas para formar el Corán? ¿Se conservaron de una forma precisa? ¿Cuándo llegó a tener el Corán la forma que conocemos hoy? Nos volvemos ahora a estas preguntas.

3

Y LA PALABRA SE HIZO... ¿PAPEL?

¿Cómo pasaron las revelaciones de Mahoma de recitaciones orales a textos escritos? La tradición musulmana sostiene que Mahoma era analfabeto funcional y por eso no pudo escribir lo que tenía en la mente y en el corazón. Esta creencia se basa en un solo texto coránico (7:157-158), donde dos veces se habla de Mahoma llamándolo *al-ummi*. Esta palabra se suele traducir como «el que no tiene letras», y se entiende que indica que Mahoma no podía leer ni escribir.

Sin embargo, este término solo podría indicar que Mahoma, aunque supiera leer y escribir, ignoraba las enseñanzas judías y cristianas. El contexto del pasaje indica que no se había apoyado en las enseñanzas de la gente del Libro (aunque creía que sus revelaciones estaban de acuerdo con el Antiguo y Nuevo Testamentos), sino que recibió sus palabras directamente de Alá. Si *ummi* se deriva de la palabra radical *ummiyya*, que significa «analfabetismo», lo más probable es que se trate de uno de estos dos significados: o era analfabeto funcional, o lo era en el sentido religioso.

Aun así, existe una tercera posibilidad. *Ummi* se puede derivar de la palabra radical *umma*, que significa «nación» o «comunidad». En ese caso, el texto significaría que Mahoma era el profeta de la nación (de los árabes), por oposición a los profetas de descendencia judía. En el Corán hay numerosos pasajes que destacan esta afirmación con un gozo lleno de orgullo. Si a cada nación se le enviaba un profeta durante su historia, el pueblo árabe no era menos. Ellos también tenían profeta, y no solo un profeta común y corriente, sino un apóstol: el apóstol definitivo por medio del cual Dios les envió a los árabes su Palabra definitiva e incorruptible.

¿Era Mahoma incapaz en verdad de leer y escribir?

¿Cómo podemos decidir cuál de los significados es el más probable? Hay otros cuatro lugares del Corán donde se halla la palabra *ummi* en su forma plural (*ummiyyun*): 2:78; 3:20, 75; 62:2. En todos y cada uno de estos casos se refiere a otros pueblos que no fueran la nación de Israel, que no tienen sus propias Escrituras y que por eso son incapaces de comprender la revelación dada por Dios a su pueblo. Se ve a Mahoma como el representante clave de la nación árabe, un pueblo que hasta la llegada de su ministerio había carecido de Escrituras. Por consiguiente, se le da el título de «profeta sin escritura» en el Sura 7, con el fin de hacer resaltar que por la bondad de Alá está trayendo una revelación nueva en la lengua árabe para los de su raza. Por medio de él, los árabes tendrán su propio libro, independiente de la Biblia, aunque (según cabe suponer) congruente con ella.

Si este es el significado que se le quiso dar en un principio a *al-ummi*, no hay razón alguna para suponer que Mahoma no supiera leer ni escribir. Además de esto, el hecho de que tuviera éxito en su oficio de mercader dentro del comercio internacional, haría que la existencia de estos conocimientos en él fuera muy probable, si no esencial. Si este es el caso, no tiene nada de ilógico llegar a la conclusión de que el propio Mahoma escribiera algunas o muchas de sus recitaciones. Como quiera, las tradiciones dicen con claridad que Mahoma nunca se dedicó a la tarea de coleccionar todas sus revelaciones en un solo códice o libro.

En lugar de esto, la tradición musulmana les atribuye a los seguidores del profeta que le recogieran de manera definitiva sus palabras en forma escrita. Por cierto, especifica que todo el contenido del Corán se escribió y conservó en unidades distintas durante la vida de Mahoma, pero que nunca se recopiló en un solo lugar sino hasta después de su muerte. Aunque esto no es muy posible, en una cultura con tanta fuerza oral como la de Arabia en el siglo VII, no podemos dudar que las palabras del profeta se aprendieran de memoria con toda fidelidad por sus leales seguidores. El Hadit de al-Bukhari (5:155) afirma que cuatro musulmanes se aprendieron de memoria todas las revelaciones coránicas. Aunque este depósito de memoria fuera suficiente por el momento, muy pronto los sucesos hicieron necesario que el Corán se pusiera por escrito para beneficio de las siguientes generaciones.

Se ponen por escrito las palabras memorizadas

Poco después de la muerte de Mahoma en el año 632, un puñado de tribus árabes proclamó su independencia con respecto a la comunidad islámica. Abu Bakr, el sucesor de Mahoma, envió un ejército a someterlas en lo que se conoció como la batalla de Yamama. Allí murió en batalla un importante número de compañeros de Mahoma que conocían grandes segmentos de sus recitaciones. Por cierto, uno de los que murieron fue Salim, el esclavo liberto de Abu Hudhaifa, al cual Mahoma nombró como uno de los cuatro mejores recitadores del Corán. Abu Bakr comprendió que, a menos que las revelaciones se pusieran por escrito de una manera debidamente autorizada, las palabras de Mahoma podrían desaparecer junto con la primera generación de convertidos.

Como resultado, le encargó a Zaid ibn Tabit, famoso también por haberse aprendido de memoria la mayor parte de las revelaciones, que recogiera por escrito todas las palabras verdaderas del profeta y las reuniera en un libro. Las dos fuentes principales de este proyecto fueron los pergaminos (esto es, los dichos puestos por escrito) y los corazones de los compañeros de Mahoma (esto es, los textos aprendidos de memoria). La historia, narrada por el propio Zaid, aparece en al-Bukhari 6:509:

> Abu Bakr al-Siddiq me mandó a buscar cuando murieron los de Yamama. (Yo fui a él) y hallé a Umar bin Al-Khattab sentado con él. Abu Bakr (me) dijo entonces: «Umar ha venido a mí y me ha dicho: "Las bajas han sido muchas entre los Qurra' del Qur'an (es decir, los que conocían de memoria el Corán) en el día de la batalla de Yamama, y me temo que se produzcan muchas bajas más entre los Qurra' en otros campos de batalla, y de esa manera se pueda perder gran parte del Qur'an. Por eso te sugiero que tú (Abu Bakr) des la orden de que se reúna todo el Qur'an". Yo le dije a Umar: "¿Cómo puedes tú hacer algo que el apóstol de Alá no hizo?". Umar me dijo: "Por Alá, que es un buen proyecto". Umar siguió dándome argumentos para aceptar lo que me proponía, hasta que Alá me abrió el pecho para aquello y comencé a darme cuenta de lo bueno que había en la idea que Umar había llegado a comprender». Entonces Abu Bakr (me) dijo: «Tú eres un joven sabio, y no tenemos sospecha alguna con respecto a ti, y solías escribir la inspiración divina para el apóstol de Alá. Por eso debes buscar el Qur'an para reunirlo en un solo libro». Por Alá, si me hubieran ordenado mover una de las montañas, aquello no habría sido tan duro para mí como esta orden de recopilar el Qur'an. Entonces le dije a Abu Bakr:

«¿Cómo vas a hacer algo que el apóstol de Alá no hizo?». Abu Bakr contestó: «Por Alá, que es un buen proyecto». Abu Bakr me siguió exhortando a aceptar su idea hasta que Alá me abrió el pecho para aquello para lo cual les habría abierto el pecho a Abu Bakr y a Umar. Así que comencé a buscar el Qur'an y a recogerlo procedente de tallos de hojas de palma, de piedras blancas delgadas y también de los hombres que lo conocían de memoria, hasta que encontré el último versículo del Surat At-Tauba (el arrepentimiento) con Abi Khuzaima al-Ansari, y no lo hallé con ningún otro más que él. El versículo dice: «Os ha venido un Enviado salido de vosotros. Le duele que sufráis [...]» (9:128-129). Entonces, los manuscritos completos del Qur'an permanecieron con Abu Bakr hasta que él murió, después con Umar hasta el fin de su vida, y después con Hafsa, la hija de Umar.

En contradicción a la creencia musulmana popular

Sin querer, esta tradición contradice la creencia popular musulmana de que todo el Corán había sido aprendido de memoria sin error alguno por un número de seguidores de Mahoma, cuyas versiones coincidían todas entre sí. Zaid afirma que él investigó muchas fuentes y solo decidió que el proceso había terminado cuando descubrió este último versículo, que nadie conocía, con excepción de Abi Khuzaima[1]. Además de esto, el hecho de que Zaid tuviera que dedicarse a esta investigación indica que no había unanimidad entre los *qurra'* con respecto al texto completo del Corán. De no haber sido así, todo lo que Zaid habría tenido que hacer era poner por escrito las recitaciones de uno de los que lo recordaban de memoria, en lugar de reunir y escoger las de muchos.

Tal parece, no obstante, sin saberlo el califa Abu Bakr, otros de los primeros memoristas también comenzaron a recopilar sus propias versiones del texto «completo». Mientras Zaid editaba lo que serviría como la base de un texto idéntico para todos, otras recopilaciones basadas en la categoría de diversos recitadores se promovían en diferentes regiones del creciente imperio musulmán. Lo curioso es que cuando la versión de Zaid estuvo lista al fin, Abu Bakr no trató de imponérsela a la comunidad en general. Ni se volvió a copiar, ni tampoco se le presentó a su creciente imperio como el texto correcto y normativo. Tal vez tuviera esa intención, pero murió después de estar solo dos años en el poder.

Su sucesor, Umar, también mantuvo en secreto el texto de Zaid; por cierto, se guardó literalmente bajo la cama de su hija Hafsa, una de las viudas de Mahoma. El califato de Umar duró diez años y estuvo marcado por la rápida expansión militar del islam y la consiguiente llegada de grandes riquezas que era necesario administrar y distribuir. Cuando un esclavo persa asesinó a Umar, Utmán se convirtió en el tercer califa del imperio, y le tocó enfrentarse a la tarea de promulgar un texto normativo para el Corán.

Las variaciones por todo el imperio y un texto uniforme

Esta tarea fue de una importancia básica porque la rápida expansión del mundo islámico hacía que fuera más difícil el gobierno centralizado, puesto que cada vez eran más los sectores de las poblaciones conquistadas que conocían poco o nada acerca de las creencias y prácticas que definían el movimiento y sentían una lealtad muy limitada a los sucesores de Mahoma. Así se descubrió que en las zonas remotas del imperio musulmán se comunicaba y recitaba el Corán de formas distintas, según la que fuera la recopilación que ganara el favor local. De acuerdo con fuentes históricas musulmanas, otras cuatro revisiones del Corán, cada una basada en la memoria de un miembro muy respetado del *qurra'* que habitaba en una ciudad vital, ganaba popularidad en sus regiones respectivas: la versión de Ubayy ben Kab en Damasco, la de Ibn Masúd en Kufa, la de Mikdad bin 'Amr en Hims, y la de Al-Ashari en Basora.

Un líder militar llamado Hudhaifa bin al-Yaman, después de pasar un tiempo en Iraq, regresó alarmado al califa Utmán en Medina para informarle que se estaba recitando el Corán con extensas variaciones por todo el imperio. Según la tradición del Hadit, instó a Utmán con las siguientes palabras:

«¡Oh jefe de los creyentes! Salva a esta nación antes que difiera acerca del Libro (el Qur'an) como lo hicieron antes los judíos y los cristianos». Así que Utmán le envió un mensaje a Hafsa (la hija de Umar, que tenía la edición de Zaid), diciéndole: «Envíanos los manuscritos del Qur'an para que nosotros podamos recopilar los materiales coránicos en unas reproducciones perfectas y devolverte a ti los manuscritos». Hafsa se los envió a Utmán. Entonces Utmán les ordenó a Zaid ben Tabit, Abdullah bin Az-Zubait, Said bin Al-As y Abdur-Rahman bin Harith bin Hisham que escribieran de nuevo los manuscritos en unas reproducciones perfectas. Utmán les dijo a los tres hombres quraysh: «En caso de que no estén de acuerdo con Zaid ben Tabit en algún punto del Qur'an, escríbanlo entonces en el dialecto de Quraysh, que el Qur'an fue revelado en su lengua». Así lo hicieron, y cuando habían escrito muchas reproducciones, Utmán le devolvió a Hafsa los manuscritos originales. Utmán envió a cada provincia musulmana una copia de lo que copiaron, y ordenó que todos los demás materiales coránicos, ya estuvieran escritos en manuscritos fragmentarios o en ejemplares enteros, se quemaran. Zaid ben Tabit añadió: «No recogí un versículo del Surat Ahzab (el Sura 33) cuando copiamos el

Qur'an y yo escuchaba al apóstol de Alá recitarlo. Así que lo buscamos y lo hallamos con Khuzaima bin Thabit Al-Ansari. (Ese versículo era): "Hubo creyentes que se mantuvieron fieles a la alianza concertada con Alá"» (al-Bukhari 6:510).

Esta tradición indica que había un importante número de colecciones enteras o de manuscritos fragmentarios del Corán en existencia durante los tiempos en que Abu Bakr y Umar mantuvieron en privado la recopilación de Zaid. La ansiedad con respecto a unas diferencias reales en el texto escrito llevó al autoritario decreto general de Utmán, con el fin de mantener al mundo islámico unido bajo el gobierno del califato. En otras palabras, el Corán no existió en un texto uniforme e indiscutido desde el principio, sino que vino a alcanzar esa posición después de cumplido el decreto de Utmán de quemar todos los textos que competían con el texto recién reformado de Zaid ben Tabit y copiarlo en su lugar.

Hasta el dato del que se informa de pasada, según el cual Utmán les encomendó a tres hombres quraysh (que hablaban el mismo dialecto árabe que Mahoma) para que trabajaran con Zaid en la recomposición de todas las secciones del Corán que reflejaran un dialecto árabe de Medina, y no de La Meca, es asombroso. Reconoce la comprensión implícita por parte de Utmán, Zaid y los demás, de que el trabajo inicial de Zaid no era perfecto, sino que necesitaba arreglos. Además de esto, después de terminada esta revisión, Zaid relata en otra tradición del Hadit que más tarde recordó otro versículo que nunca se había puesto en su edición ya revisada. Entonces acudió de nuevo a Khuzaima bin Thabit para buscar su forma correcta, y después lo añadió al manuscrito revisado (ahora se encuentra en el Sura 33:23). Este texto como un todo, pasó después al imperio islámico entero como el único texto normativo que se podía copiar y utilizar.

Los intentos por explicar las diferencias

Los apologistas musulmanes a veces alegan en este punto que las diferencias con respecto al Corán entre los distintos lugares del imperio solo tenían que ver con las variaciones en cuanto a la forma de recitar el texto, y no con diferencias en el propio texto escrito. No obstante, si las diferencias solo eran una cuestión de variantes de pronunciaciones con respecto a un texto idéntico, ese problema no se habría resuelto a base de enviar a todas las partes del imperio el mismo texto escrito que, según cabe suponer, ya tenían. Estos apologistas responden indicando que el árabe temprano era un idioma formado en su totalidad por consonantes. La escritura del Corán se hizo sobre el uso de las diecisiete consonantes de ese árabe temprano. En cambio, cuando se añadieron puntos diacríticos, el número de letras diferentes aumentó hasta veintinueve.

Por encima de esto, solo cuando se les añaden a las consonantes los puntos que representan los sonidos vocales, sabe uno con exactitud cómo se deben pronunciar y comprender las palabras escritas. Tal vez, dicen los apologistas, sea esto lo que se quería lograr con la versión revisada del Corán hecha por Zaid: Capacitar a los musulmanes de todo aquel imperio en expansión a fin de que supieran con exactitud cuáles eran las letras y las vocales que se debían usar en el texto escrito uniforme que se supone que ya tenían.

Sin embargo, este punto de vista se opone a los datos de los que se dispone. Si el problema solo hubiera estado en las marcas diacríticas, se les habría podido añadir con facilidad, o cambiarlas sin quemar los otros manuscritos existentes. Con todo, más reveladora aun es la historia de la transmisión de los manuscritos del Corán desde sus primeros días. Todos los primeros manuscritos existentes se escribieron sin signos diacríticos. Por cierto, no hay ejemplos de coranes con toda la puntuación hasta más de doscientos años después de la muerte de Mahoma, o más de ciento ochenta después que la versión de Zaid se convirtiera en el texto autorizado del islam. Entonces, al parecer, el problema al que se enfrentaba Utmán no era el de unas variantes de pronunciaciones del mismo texto, sino el de unos textos diversos entre los cuales había conflictos.

Primera página del Corán, copiada a mano en árabe por Naskhi Ayyub'Ali Muhammad Rahim al-Nisawi, s. f. Exhibición «*Tesoros mundiales de la Biblioteca del Congreso: Los comienzos*».

Una admisión así constituye un golpe mortal para la afirmación popular musulmana de que el Corán vino directo de la boca de Dios a Mahoma, se registró a la perfección y se transmitió al mundo sin error. Debido a que su defensa del apostolado de Mahoma se apoya en la naturaleza milagrosa percibida en este libro y su base divina, las evidencias presentadas dentro de las impecables tradiciones musulmanas arroja graves dudas sobre las afirmaciones de Mahoma, así como sobre la fiabilidad del Corán.

No queda duda alguna de que, a partir del momento en que Utmán ordenó la utilización de un solo texto normativo, el Corán se ha transmitido durante trece siglos con una precisión notable. Esto es un testimonio a favor del cuidado y la consagración de los escribas musulmanes y la comunidad islámica en general, que manejan con una profunda atención los detalles de algo que consideran la palabra no adulterada de Alá. Sin embargo, una corriente solo puede ser tan pura como lo sea su fuente original. Si el manantial del Corán revisado por Zaid es en sí mismo algo que tiene arreglos y resulta inseguro, el hecho de que transmitiera por unas tuberías limpias desde entonces no altera ni mitiga sus impurezas originales.

¿Una cuestión de control?

Es lamentable que los esfuerzos de Utmán por destruir todos los textos rivales impidieran que los campos de la crítica literaria e histórica creen una «edición crítica» del Corán que sea digna de confianza y se base en una comparación detallada de los primeros manuscritos que competían entre sí. Si la propia obra de Zaid se hubiera basado en la reunión de todos estos manuscritos diversos, y en un proceso razonado por medio de un concilio de compañeros de Mahoma para llegar en su trabajo a la «mejor» entre las lecturas variantes, tendríamos más seguridad en cuanto a lo que ha llegado hoy hasta nosotros. Con todo, eso no sucedió. A Utmán no le interesaba la integridad teológica, sino la unidad política. El texto de

Zaid se convirtió en el preferido, no porque fuera cierto donde los otros estaban errados, sino porque era el que se hallaba bajo el control de Utmán, y de esa forma se podía imponer por todo el imperio como el único texto autorizado del Corán.

El control político era importante, porque Utmán se había ido convirtiendo en un líder cada vez más impopular y su posición era precaria. Como resultado del nepotismo, mediante el cual instaló miembros de su familia Omeya en posiciones de máxima autoridad dentro de su califato y despreció muchos asociados de toda la vida del profeta, Utmán nunca dejó de tener enemigos.

La creciente oposición a este califa, en especial por parte de los que gozaban de una autoridad religiosa popular (entre ellos los *qurra'*, que eran los guardianes en sí de la revelación de Mahoma), sirvió como palpable peligro para la aparente legitimidad de Utmán. Al imponerles su texto preferido a estos líderes religiosos respetados en gran medida, trataba de socavar su base de apoyo y así eliminar la amenaza de su oposición en las cuestiones religiosas y políticas, puesto que era «su» Corán el que se convertiría en la versión consultada para todas las cuestiones de fe y de vida. No sorprende que la oposición hirviera de cólera con resentimiento por lo que hizo, y aunque el Corán de Zaid sí se convirtió en el normativo en todo el imperio, Utmán no vivió para disfrutar de la unificación del islam bajo su liderazgo. Lo asesinaron durante una insurrección.

Competencia entre rivales

Aunque al final las tácticas de fuerza usadas por Utmán llevaron a la adopción de un texto sobre todos sus rivales, los campeones de las otras versiones no capitularon en silencio. Abdullah Ibn Masúd en particular sostenía con buena razón que su códice era el más digno de confianza y el de mayor autoridad. Al fin y al cabo, él fue uno de los compañeros más cercanos a Mahoma desde los primeros días del ministerio del profeta, y el propio Mahoma lo reconoció por su capacidad para la memorización. La tradición recoge la evaluación que hace Ibn Masúd de sí mismo como principal entre los *qurra'*. En una historia, habla con la adecuada humildad:

> Shaqiq bin Salama narra: En una ocasión, Abdullah bin Masúd nos dirigió un sermón en el que nos dijo: «Por Alá, yo aprendí más de setenta suras directamente del apóstol de Alá. Por Alá, los compañeros del profeta llegaron a saber que yo soy uno de los que conocen mejor el libro de Alá entre todos ellos y, sin embargo, no soy el mejor de ellos [...]». (al-Bukhari 6:522)

En cambio, en otro relato reta a todos a demostrar que están a la altura de su memoria con respecto a las revelaciones de Mahoma:

> ¡Por Alá, que es el único que tiene el derecho de ser adorado! No hay sura revelado en el libro de Alá que yo no sepa en qué lugar fue revelado, y no hay versículo revelado en el libro de Alá que yo no sepa acerca de quién fue revelado. Y si yo supiera que hay alguien que conozca mejor que yo el libro de Alá, y se encuentra en un lugar que los camellos puedan alcanzar, yo iría a él. (al-Bukhari 6:524)

El testimonio de otros apoya su categoría (véase al-Bukhari 6:522, 525). Según lo que se puede reconstruir a partir de la tradición musulmana, había numerosas diferencias textuales significativas entre el manuscrito de Zaid y el de Ibn Masúd[2], sin mencionar la multiplicidad de variantes halladas en otras versiones principales apoyadas en sus lugares respectivos del mundo musulmán[3].

¿Un golpe mortal a los cimientos?

La existencia de unos conflictos tan extensos con respecto al texto mismo de lo que se presenta como un libro divino transmitido libre de errores al mundo, debería hacer que todos los musulmanes y los que andan indagando se detuvieran a pensar. Si estas evidencias, tomadas solo de fuentes musulmanas, son verdaderas (y no tenemos razón para dudar de ellas, puesto que proceden de creyentes y no de escépticos), esto hace que uno ponga en tela de juicio los fundamentos del islam. Es más, puesto que la doctrina de la infalibilidad del Corán es la piedra angular en la que se apoyaron Mahoma y sus seguidores para defender su proclamación de que era un profeta verdadero, el hecho de que el texto surgido de la lucha sobre la imposición de un material básico único desde los primeros días después de la muerte de Mahoma no sea digno de confianza les asesta un golpe mortal a las cosas en las que el islam afirma poner su fe.

¿Todo lo revelado por Alá se recordó y se puso por escrito?

Más allá de este conflicto sobre el texto histórico real del islam, se encuentra el problema de que si todo lo que se dice que Alá le reveló al profeta árabe se recordó en realidad y se recopiló por escrito. Sobre todo en los primeros tiempos del movimiento, cuando nadie podía prever el papel que terminarían desempeñando las palabras de Mahoma en el escenario de la historia mundial, surge la pregunta sobre lo atentos que estuvieron tanto él como sus primeros seguidores en cuanto a recordar y escribir sus recitaciones.

Para mitigar la preocupación del profeta con respecto a su propia falta de memoria, el Corán relega la solución de este problema a la soberanía de Alá. Mahoma y sus seguidores solo olvidarían las cosas que Alá quería que perdieran (86:6-7). Por cierto, si Alá hace que la gente olvide algún versículo de la revelación, le va a conceder otro que va a ser tan bueno, si no mejor (2:106). Este tipo de pasajes reconoce de manera implícita que se ha perdido u olvidado material procedente del ministerio profético de Mahoma. Hay que dar un salto de fe para creer que, a pesar de todo, Alá ha llenado los vacíos de alguna manera, a fin de que todo lo que se haya olvidado o recordado de manera indebida, haya quedado escrito a la perfección en la edición utmánica del Corán.

La lectura y la comprensión actuales del Corán

Por último, es necesario hablar acerca de las diversas formas aceptables en las cuales el Corán, tal como es hoy, se puede leer y comprender en árabe. Sin duda, Utmán impuso el texto conso- nántico escrito, pero cuando se pronuncian estas consonantes, es necesario unirlas con vocales para formar las palabras y las oracio- nes gramaticales. En los tiempos de Mahoma, se escribía el árabe sin marcas diacríticas; sencillamente, la persona sabía a partir del contexto qué palabras eran las adecuadas, de acuerdo con el signi- ficado general del texto (esto mismo sigue siendo cierto en gran parte de la escritura árabe de hoy). No obstante, muchas veces es posible hacer más de una lectura vocalizada a partir del mismo texto escrito. Esta realidad llevó a cierta confusión en los primeros días del islam acerca de la forma apropiada de recitar el Corán. Según una tradición, Umar ibn al-Jattab (quien se convertiría en el segundo califa musulmán) relata lo siguiente:

> Yo escuché a Hisham ibn Hakim ibn Hizam recitando el Surat Al-Furqán (el sura 25) de una forma distinta a la mía, y fue el mensajero de Alá, que Alá lo bendiga y le conceda la paz, el que lo recitó para mí. Estuve a punto de acercármele

corriendo, pero le concedí una tregua mientras terminaba su oración. Entonces, lo tomé por la capa y lo llevé al mensajero de Alá, que Alá lo bendiga y le conceda la paz, y dije: «Mensajero de Alá, yo oí a este hombre recitar el Surat Al-Furqán de forma distinta a la manera en que tú la recitaste para mí». El mensajero de Alá, que Alá lo bendiga y le conceda la paz, me dijo: «Suéltalo». Entonces dijo: «Recita, Hisham», e Hisham recitó como yo lo había oído recitar. El mensajero de Alá, que Alá lo bendiga y le conceda la paz, dijo: «Fue enviada de lo alto de esa forma». Entonces me dijo: «Recita», y yo recité el sura, y él dijo: «Fue enviada de lo alto de esa forma. Este Qur'an fue enviado de siete formas (distintas), para que recitemos de él lo que nos sea más fácil» (al-Muwatta 15:5).

En otra tradición, Mahoma afirma que fue el ángel Gabriel el que le reveló siete formas de igual inspiración divina en las cuales se podía leer el Corán:

El apóstol de Alá dijo: «Gabriel me recitó el Qur'an de una forma. Después yo le pedí que lo leyera de otra forma, y le seguí pidiendo que lo recitara de otras formas, y él lo recitó de varias formas, hasta que al final lo había recitado de siete formas distintas». (al-Bukhari 6:513)

Al parecer, la razón de las siete formas distintas de leer el Corán es la misericordia, para que aquellos cuyo dialecto es diferente al del Quraysh lograran hallar un estilo de lectura que se ajustara mejor a sus propios esquemas nativos de pronunciación[4].

Es lamentable, pero Mahoma nunca aclaró cuáles eran los siete modelos alternos de lectura que eran inspirados. Por consiguiente, después de su muerte se dio amplia posibilidad de recitar de maneras diferentes, aunque ahora hubiera ya un solo texto escrito autorizado. Sin embargo, en 934, doscientos años después de la muerte de Mahoma, una autoridad islámica muy respetada, con el respaldo de unos juristas bien situados, se decidió a llevar claridad y decisión a esta cuestión. Escribió un libro en el que declaraba que siete de las formas de lectura entonces corrientes eran las legítimas, y que todas las demás se debían desechar como indebidas. Con la fuerza de su categoría personal y de su respaldo, se adoptaron esas siete formas de lectura como las entregadas por el ángel Gabriel, y aún son las aceptadas hoy. En la práctica, sin embargo, desde que apareció la imprenta, hay una forma particular de leer que ha adquirido superioridad, y la mayor parte de los coranes de hoy contienen el texto consonántico de Utmán con diacríticos y puntuación vocal conocido como la lectura de Asim o Hafs.

En vez de atacar, respete y llame la atención hacia la Palabra viva

Por lo general, los musulmanes están tan identificados con la doctrina de la infalibilidad del Corán, tanto en su registro por escrito como en su transmisión, que lo típico es que las evidencias históricas mencionadas de forma sucinta en este capítulo tengan un impacto muy escaso o nulo en sus convicciones. Aunque es importante que tengamos algún conocimiento de este campo de estudios a fin de poder responder a las infundadas proclamaciones de fe del islam con respecto al Corán, debemos tener el cuidado de evitar la manifestación de una falta de respeto hacia los propios musulmanes, quienes siguen con profunda convicción las enseñanzas del Corán por un sincero deseo de llevar una vida que agrade a Dios.

En lugar de atacar las convicciones que tanto valoran ellos, los cristianos haríamos mucho mejor si, al conversar con nuestros vecinos o conocidos musulmanes, evitáramos toda controversia innecesaria a base de atraer la atención más bien a Jesús, como Palabra viva de Dios (título que, como veremos, hasta el Corán le aplica a Jesús). No nos queda solo un conjunto de palabras muertas en una página, que debamos seguir como esclavos en la esperanza de merecer la atención divina por nuestra obediencia, sino que Dios nos ofrece una relación de vida con la Palabra viva que existía con Dios antes de todos los tiempos y que, según el Evangelio de Juan, *es Dios* en sí.

Jesús, esa Palabra viva que vino a habitar entre nosotros, les sigue ministrando su gracia y su verdad a todos los que tienen hambre de conocer a Dios. Solo Él puede poner en libertad a los prisioneros, ya sea por haber aceptado un código escrito que solo les ofrece muerte o por llevar un estilo de vida libertino de auto-complacencia y de rebelión. Solo Él es nuestra esperanza, y la esperanza del musulmán... no la Palabra que se hizo papel, sino Aquel que se hizo carne y se ofreció en sacrificio por todos los pecadores, el que resucitó a vida eterna, e incluso ahora vive para interceder en amor por un mundo descarriado.

4

EL VERDADERO JESÚS, ¿SE QUIERE PONER DE PIE, POR FAVOR?

Hace años, la industria televisiva presentaba un programa que incluía un panel de «expertos». Se les daba una amplia información sobre la historia poco común de la carrera que seguía una persona misteriosa, digamos «John Smith», y después se les presentaban tres concursantes que afirmaban ser esa persona. Mediante un interrogatorio muchas veces humorístico, los panelistas trataban de discernir el concursante que decía la verdad, de los dos impostores. Al final del segmento, los expertos votaban, y después de esto, el anfitrión del programa preguntaba en el momento cumbre: «Y ahora, el verdadero John Smith, ¿se quiere poner de pie, por favor?». La meta, por supuesto, era dejar perplejos tanto al panel de expertos como a los miles de televidentes.

Puntos de vista contradictorios

El islam afirma ofrecerle al mundo una clara descripción sobre la verdadera naturaleza e identidad de Jesús de Nazaret. Sin embargo, esta descripción varía de manera considerable con respecto a la del cristianismo clásico. Ambas creencias mundiales proclaman ser revelación de Dios. Dado que las dos no pueden tener la razón si ofrecen puntos de vista contradictorios de Jesús, el observador promedio se queda preguntándose: «El verdadero Jesús, ¿se quiere poner de pie, por favor?».

Este capítulo no va a presentar argumentos a favor de la precisión histórica y teológica de la Biblia con respecto a la verdadera naturaleza e identidad de Jesús, porque son muchos los libros excelentes que han emprendido con éxito esa tarea. Lo que voy a dilucidar aquí es lo que el Corán, complementado por la tradición islámica, enseña acerca de Jesús. Puesto que en muchos lugares el Corán disputa de forma directa contra lo que afirma el cristianismo acerca de Él, podremos ver con claridad las diferencias entre el islam y el cristianismo.

Muchos cristianos se asombran al descubrir que el Corán menciona a Jesús, y los deja perplejos el hecho de que diga cosas positivas acerca de Él. A muchos musulmanes los confunden los diversos juicios acerca de Jesús que escuchan de algunos cristianos.

Un almuerzo con Omar

Hace poco conocí a Omar en una conferencia sobre el diálogo cristiano-musulmán. Mientras almorzábamos, me dijo: «Los musulmanes tenemos un concepto de Jesús que es superior al de muchos cristianos que yo conozco. Creemos que nació de una virgen. Muchos de mis amigos cristianos no creen eso. Creemos que hizo muchos milagros asombrosos, por permiso de Dios; mis amigos cristianos son escépticos. Creemos que regresará antes del fin del mundo; mis amigos cristianos no saben si las cosas van a pasar de una forma u otra».

Es cierto que la imagen islámica de Jesús es más elevada que la que presentan los que son liberales en lo teológico, quienes lo ven ante todo como un sabio judío itinerante que hablaba con parábolas y aforismos, ofreciendo una sabiduría limitada a sus tiempos que necesitaba que los iluminados eruditos del occidente la liberaran de sus cadenas culturales. Sin embargo, esta caricatura liberal de Jesús no es la que la iglesia cristiana ortodoxa ha sacado de las Escrituras y ha creído durante los últimos dos mil años. Sin embargo, debido a que la iglesia no ha hablado con claridad y con una sola voz sobre la identidad de Jesucristo, los musulmanes se sienten confundidos con respecto a lo que nosotros creemos y en la relación que puede tener con lo que ellos creen acerca de Él.

Moisés, Mahoma y Jesús

El Corán considera a Jesús como uno de los seis profetas mayores que hayan vivido jamás. Según la tradición musulmana, Dios envió ciento veinticuatro mil profetas a los habitantes de la tierra a lo largo de su historia, culminando con la misión de Mahoma. No obstante, en el Corán solo se menciona por su nombre a veinticuatro de ellos, y de estos, solo a Adán, Noé, Abraham y Moisés se les conceden la misma honra y la misma dignidad que a Mahoma y a Jesús. Además de esto, se les llama «apóstoles» a Moisés, Mahoma y Jesús. Para el islam, esta palabra es un término técnico que define a alguien al que se le ha dado la revelación de la ley de Dios en forma de libro, y a su vez los seguidores del apóstol deben enseñar el contenido de este libro. Así, Moisés recibió la *Tawrat* (la Torá), que para muchos de los musulmanes comprende la mayor parte del Antiguo Testamento, y que se les proclamó a los judíos. Jesús recibió el *Injil* (el Evangelio), que comprende todo el Nuevo Testamento, y que a su vez se les proclamó a los cristianos. Y a Mahoma se le entregó el Corán, que se debía proclamar primero entre los árabes y después al mundo entero.

Los profetas del Corán					
Moisés (La *Tawrat* para los judíos)		Jesús (El *Injil* para los cristianos)		Mahoma (el Corán para los árabes y para el mundo entero)	
Adán	Noé	Abraham	Moisés	Jesús	Mahoma

Concepción y nacimiento

La posición exaltada que se le otorga a Jesús en el islam no solo se ve en su misión como profeta y apóstol, sino también, y es interesante, en la forma tan exclusiva de su concepción y de su nacimiento. Según el Corán (3:59), la única figura comparable a Jesús en este aspecto es Adán, el que sin duda se creó sin paternidad humana. Los musulmanes sostienen el nacimiento virginal de Jesús. Por un milagro, Dios hizo que la joven virgen Mariam (forma árabe de «María») concibiera sin la ayuda de un hombre, y le informó que su hijo iba a desempeñar un papel especial.

No obstante, es fascinante descubrir que el Corán no solo habla altamente de Jesús, sino que también eleva a María a una posición superior al de todas las demás mujeres. Según el sura 3:35, Mariam es hija de Hannah y de Imran, y se afirma que es de descendencia sacerdotal. Es consagrada desde el vientre al servicio especial de Dios aunque, al parecer, Hannah esperaba que Dios le diera un hijo. Según el 3:36, cuando nació María, Hannah aceptó la voluntad de Dios, aunque no podía comprender de qué manera Dios se podría glorificar por medio de una mujer. Sin embargo, dijo: «Le he puesto el nombre de Mariam, y la encomiendo tanto a ella como a su descendencia a tu protección contra el maligno, el rechazado».

Es posible que este relato tenga su base en la teología patrística tardía, donde ciertos teólogos cristianos quisieron proteger la doctrina de la impecabilidad de Jesús, y por eso comenzaron a enseñar la inmaculada concepción de María; es decir, que María fue libre de todo contacto con el diablo a fin de ser un receptáculo puro a través del cual se pudiera traer al Hijo de Dios a este mundo. Aunque en la Biblia no existe ninguna enseñanza al respecto acerca de María, el Corán y la tradición islámica defienden este elevado concepto sobre la naturaleza de María. Por cierto, una tradición del Hadit dice: «Todo niño que nace es tocado por Satanás, y ese toque lo hace llorar, con la excepción de María y de su hijo» (al-Bukhari 6:71).

La tradición islámica sostiene también que a María la criaron en el templo, bajo la vigilante mirada de Zacarías (escogido entre otros sacerdotes por suerte), quien más tarde se convertiría en el padre de Juan el Bautista. En 3:37, el Corán afirma que cada vez que Zacarías llegaba para ver cuál era su situación, ella siempre había recibido ya una amplia provisión. Por eso, le preguntó un día: «¡María!, ¿de dónde te viene eso?». Ella respondió: «De Alá. Alá provee sin medida a quien Él quiere».

Tampoco existe nada en el Nuevo Testamento que apoye estas tradiciones acerca de María. ¿De dónde sacaría Mahoma estos relatos? No es de sorprenderse, porque en la literatura apócrifa cristiana de los siglos anteriores a Mahoma hay una serie de historias destinadas a adornar la vida de María, justo de la forma en que la presentan el Corán y la tradición islámica posterior (véase, por ejemplo, el Protoevangelio de Santiago el Menor, escrito siglos antes de que naciera Mahoma, que contiene unos paralelos claros e innegables con el relato coránico). Es muy probable que Mahoma escuchara estas historias entre las tribus cristianas nestorianas de la península Arábiga, que tenían un alto concepto de María en su papel como portadora del Hijo de Dios.

Más tarde, en el sura 3:45-49, María recibe la visita de unos ángeles, los cuales le revelan lo siguiente: «¡María! Alá te anuncia la buena nueva de una Palabra que procede de Él. Su nombre es el Ungido, Jesús, hijo de María, considerado en la vida de acá y en la otra y será de los allegados [a Dios]. Hablará a la gente en la cuna y de adulto, y será de los justos». María les responde maravillada: «¡Señor! ¿Cómo puedo tener un hijo, si no me ha tocado mortal?». Al parecer, es Dios el que le responde en forma directa (el verbo aparece en masculino singular: «Dijo»): «Así será. Alá crea lo que Él quiere. Cuando decide algo, le dice tan solo: "¡Sé!" y es».

¿María o Miriam?

Esta historia de la Anunciación aparece más tarde en el sura 19 que, de una manera muy apropiada, recibe el nombre de «Miriam» o «Maríam». A partir del versículo 16 leemos que María fue apartada de su gente y llevada a un lugar en el oriente para que estuviera sola. Dios le envió su espíritu, que apareció en forma de hombre. Temerosa, María ora para pedirle a Dios que la proteja de este intruso. Entonces el ángel le responde: «Yo soy solo el enviado de tu Señor para regalarte un muchacho puro». María alega que nunca la ha tocado un hombre, pero Dios declara por medio del ángel: «Es cosa fácil para Mí. Para hacer de él signo para la gente y muestra de Nuestra misericordia». Por lo tanto, María concibe de manera milagrosa y se aparta de las miradas del pueblo.

Cuando llega el momento del nacimiento, María tiene grandes dolores y se encuentra bajo una palmera. De una forma parecida a Job en medio de su angustia, reniega del día en que nació a medida que aumentan los dolores de parto. En ese momento, la llama una voz detrás para decirle: «¡No estés triste! Tu Señor ha puesto a tus pies un arroyuelo. ¡Sacude hacia ti el tronco de la palmera y esta hará caer sobre ti dátiles frescos, maduros! ¡Come, pues, bebe y alégrate!».

A su debido tiempo, María lleva su recién nacido a los suyos, que son conscientes de que no es casada y la reprenden, diciéndole: «¡Hermana de Aarón! Tu padre no era un hombre malo, ni tu madre una ramera». María se niega a defenderse, y todo lo que hace es señalar hacia el pequeño. Comprendiendo lo que quiere decir, la gente le dice: «¿Cómo vamos a hablar a uno que aún está en la cuna, a un niño?». Entonces, para asombro de todos, Jesús les habla:

«Soy el siervo de Alá. Él me ha dado la *Escritura* y ha hecho de mí un profeta. Me ha bendecido dondequiera que me encuentre y me ha ordenado la azalá [la oración] y el azaque [la limosna] mientras viva, y que sea piadoso con mi madre. No me ha hecho violento, desgraciado. La paz sobre mí el día que nací, el día que muera y el día que sea resucitado a la vida» (19:30-33).

Uno de los detalles interesantes de este texto es el título de «hermana de Aarón» que se le da a María. Puesto que en árabe no hay distinción entre los nombres de Miriam y María y, además, Mahoma no conocía bien la historia y la cronología de la Biblia, es probable que confundiera a María, la madre de Jesús, con María o Miriam, la hermana de Moisés y de Aarón (véase Éxodo 15:20, donde se habla de ella de forma específica como la hermana de Aarón). El hecho de que Mahoma dijera que el padre de María era Imran (correspondiente árabe al hebreo Amirán) subraya la posibilidad de este punto de vista, puesto que en Números 26:59 se nos dice que Amirán era el padre de Aarón, Moisés y María.

Los milagros en el Corán

Otra fascinante característica del relato coránico acerca de la natividad de Jesús es la historia extrabíblica milagrosa de su predicación en la infancia. Mientras que en el islam todos los verdaderos profetas se deben distinguir por los milagros que obran, según lo que registra el Corán, solo a Jesús se trae al mundo por un milagro, solo Él hace milagros siendo aún un bebé y después un niño, y solo a Él lo libran de la muerte con una milagrosa intervención de Dios.

Sin duda, la vida y el ministerio de Jesús parecen señalados de manera especial por milagros, en un abierto contraste con los de Mahoma. Los musulmanes se apresuran a señalar que el Corán indica con claridad que las obras sobrenaturales de Jesús solo fueron posibles por permiso de Dios. Por supuesto, los cristianos no objetaríamos nada con respecto a esto, pero seguimos sintiendo curiosidad en cuanto al motivo por el que Dios habría hecho por medio de Jesús unos milagros tan grandes como los relatados o mencionados en el Corán, mientras que Mahoma tuvo un ministerio poco o nada milagroso. Además de sanar a los ciegos, limpiar a los leprosos y devolver a la vida a los muertos, Jesús realizó según el Corán dos milagros que no aparecen en el Nuevo Testamento.

(1) En 5:115-118, los discípulos le piden a Jesús que le ruegue a Dios que envíe del cielo una mesa con un banquete para alimentar y tranquilizar a los que le siguen por el camino recto. Jesús ruega y Dios responde. Sin embargo, Dios también les hace una grave advertencia a los comensales del banquete: «Sí, voy a hacer que os baje. Pero, si uno de vosotros, después de eso, no cree, le castigaré como no he castigado a nadie en el mundo». Puesto que en toda la literatura cristiana (ni siquiera en los

evangelios apócrifos) no se recoge nada parecido siquiera a un milagro como este, muchos pensadores cristianos sugieren que la verdadera fuente de este relato se debe hallar en la Última Cena, en la que Jesús comió con sus discípulos, y su distorsión se debe a la importancia tan grande que adquirió esta cena en la vida posterior de la iglesia. Debido a que Mahoma tenía un conocimiento muy escaso del Nuevo Testamento, no sería sorprendente que entendiera de manera indebida o adornara las tradiciones que rodeaban al sacramento de la Cena del Señor.

(2) Tanto el 3:49 como el 5:113 se refieren a otro milagro extracanónico que en el Corán se convierte en una señal para demostrarles a los judíos el oficio de apóstol de Jesús. Dios lo nombra a esta posición y le da un mensaje particular para Israel: «Os he traído un signo que viene de vuestro Señor. Voy a crear para vosotros, de la arcilla, a modo de pájaros. Entonces, soplaré sobre ellos y, con permiso de Alá, se convertirán en pájaros». Es interesante que tanto el Evangelio de la Infancia de Tomás y el Protoevangelio de Santiago, compuestos a más tardar en el siglo III d. C., contengan relatos en los que Jesús es un niño de cinco años que hace doce gorriones de barro o de arcilla, y después les da vida por un milagro. Es razonable suponer que Mahoma oyera a los cristianos relatar estas historias apócrifas y las incorporara a su retrato personal de Jesús.

El rechazo a Jesús como divino

Por supuesto, los cristianos proclamaban que Jesús es Dios, que se encarnó, haciéndose hombre. De manera más específica, afirmaban que Dios era una Trinidad que se había revelado en tres personas eternas: Padre, Hijo y Espíritu Santo, y que era esta segunda persona, el Hijo, el que había tomado naturaleza e identidad humanas en Jesús seiscientos años antes del ministerio público de Mahoma. Es debatible hasta qué punto Mahoma entendería en verdad esta teología, pero sí es seguro que rechazaba la posibilidad de que Jesús fuera Dios. De forma similar al judaísmo de los tiempos de Jesús, el islam enseñado por Mahoma rechazaba de entrada la idea de que lo divino se pudiera identificar de alguna forma con nada dentro del orden creado. Afirmar algo así sería idolatría, y Mahoma ponía la idolatría en el primer lugar dentro de su lista de pecados.

Para los musulmanes de hoy, este pecado, conocido en árabe como *shirk*, sigue siendo el peor de todos los pecados. *Shirk* significa literalmente «asociación», y se refiere al enlace de cualquier cosa creada con el Dios eterno para ofrecerle adoración. Cuando los cristianos adoran a Jesús, los musulmanes ven en acción el pecado de *shirk*, porque en su mente los seguidores de Cristo divinizan a alguien que solo es un hombre y levantan de esta manera a un rival del único Dios verdadero.

Por esta razón, el Corán reprueba la predicación cristiana sobre la Trinidad, y como corolario, reprueba también la idea de la divinidad de Jesucristo. Estas prohibiciones, que aparecen en particular en dos suras compuestos hacia el final de la vida de Mahoma en Medina, demuestran una familiaridad superficial con la doctrina cristiana, pero hacen ver también una ignorancia o comprensión errónea mucho más profunda de las afirmaciones de la ortodoxia cristiana. El Sura 4:171 declara:

> Jesús, hijo de María, es solamente el enviado de Alá y Su Palabra, que Él ha comunicado a María, y un espíritu que procede de Él! ¡Creed, pues, en Alá y en Sus enviados! ¡No digáis «Tres»! ¡Basta ya, será mejor para vosotros! Alá es solo un Dios; Uno. ¡Lejos de Él tener un hijo [...]!

De igual manera, en la 5:73, el Corán pronuncia este juicio: «No creen, en realidad, quienes dicen: "Alá es el tercero de tres". No hay ningún otro dios que Dios Uno y, si no paran de decir eso, un castigo doloroso alcanzará a quienes de ellos no crean». Más adelante, dentro de este mismo capítulo, el Corán presenta a Dios hablándole a Jesús con respecto a esta proclamación de divinidad (5:116-117):

> Y cuando dijo Alá: «¡Jesús, hijo de María! ¿Eres tú quien ha dicho a los hombres: "¡Tomadnos a mí y a mi madre como a dioses, además de tomar a Alá!"?». Dijo: «¡Gloria a Ti! ¿Cómo voy a decir algo que no tengo por verdad? Si lo hubiera dicho, Tú lo habrías sabido. Tú sabes lo que hay en mí, pero yo no sé lo que hay en Ti. Tú eres Quien conoce a fondo las cosas ocultas. No les he dicho más que lo que Tú me has ordenado: "¡Servid a Alá, mi Señor y Señor vuestro!"».

¿Tres dioses?

Está claro que estos pasajes indican la comprensión de que los cristianos afirmaban una «trinidad» en Dios, en la cual uno de los tres era Jesús. Aun así, vemos con igual claridad que Mahoma no sabía nada acerca de la doctrina ortodoxa de la Trinidad, comprendida por el Padre, el Hijo y el Espíritu Santo. En su lugar, presenta la Trinidad como una familia de tres «dioses», comprendida por el Dios verdadero, María y su hijo Jesús. Así, en el 5:73 se refiere a Jesús diciendo que es «el tercero de los tres», y la blasfemia que se contempla en particular aquí es la afirmación de que Jesús es Dios. De igual manera, el 5:116 presenta la concepción errónea de Mahoma de que los cristianos afirmaban que se debía adorar a María y a Jesús como dioses junto al único Dios verdadero.

De esta forma, el profeta árabe falla en dos maneras de captar el mensaje cristiano con respecto a la naturaleza trinitaria de Dios.

(1) Señala el triunvirato erróneo formado por Dios, María y Jesús, demostrando con esto que tiene un concepto defectuoso de una trinidad basada solo en unas relaciones familiares humanas. Al parecer, creía que los cristianos afirmaban que el único Dios verdadero tuvo una unión sexual con María, y de esta manera concibió un hijo llamado Jesús, al que los cristianos adoran ahora por error como el Hijo de Dios.

(2) Mahoma considera a los cristianos como *triteístas*, y no como trinitarios. Es decir, da por sentado que la verdadera intención de los cristianos consiste en adorar tres dioses, en lugar de adorar al único Dios que se ha revelado en tres Personas, que comparten la misma esencia y la misma naturaleza. Por supuesto, la doctrina de la Trinidad no es un concepto fácil de captar, y mucho menos de asimilar en la cosmovisión propia de la persona, pero o bien los contemporáneos cristianos de Mahoma no supieron aclarar lo que querían decir, o Mahoma no prestó la debida atención a lo que le decían. De cualquiera de las dos formas, los últimos mil trescientos años han sido de continua ignorancia y malentendidos por parte del mundo musulmán en cuanto a la teología cristiana, porque a los musulmanes se les ha enseñado que el Corán representa de manera adecuada todo de lo que habla.

El Espíritu Santo como Gabriel

Puesto que el Corán nunca habla de Dios como Padre, por necesidad se niega a hablar de Jesús como Hijo suyo. Así, dos de los nombres trinitarios tradicionales son anatema para los musulmanes. Es interesante que se mencione la expresión «Espíritu Santo» en tres ocasiones en el Corán (2:87, 253; 16:102); en los dos primeros casos, este es el ser que fortalece a Jesús para su ministerio; en la tercera es el que le lleva el mensaje del Corán a Mahoma. De aquí que el consenso general entre los eruditos musulmanes sea que el Espíritu Santo es el mismo ángel Gabriel, porque tanto el Corán como la tradición islámica presentan a Gabriel como el agente de la revelación de Dios a Mahoma. Como resultado de estas «suposiciones» del Corán, la teología islámica proporciona una base muy escasa para que los musulmanes comprendan una explicación cristiana genuina de la Trinidad, y mucho menos para que le den crédito alguno. Por consiguiente, a Jesús nunca se le concede el título de Hijo de Dios; mucho menos el de Dios Hijo, la segunda persona de la Trinidad divina.

Hijo de María

La fuerte reacción de Mahoma ante las afirmaciones de los cristianos se muestra en el hecho de que prefiere hablar de Jesús como «el hijo de María». Este título, con mucho el más frecuente de Jesús en el Corán, trata de destacar los límites de la naturaleza de Jesús como total y solo humana. Por supuesto, esto está de acuerdo con el punto de vista de Mahoma de que todos los profetas de Dios, por exaltados que sean en sus planes y propósitos, solo son simples seres humanos. Por eso la emprende contra el menor indicio de divinidad asociado a algún líder espiritual:

Los judíos dicen: «Uzayr [Esdras] es el hijo de Alá». Y los cristianos dicen: «El Ungido [Cristo] es el hijo de Alá». Eso es lo que dicen de palabra. Remedan lo que ya antes habían dicho los infieles. ¡Que Alá les maldiga! ¡Cómo pueden ser tan desviados! Han tomado a sus doctores y a sus monjes, así como al Ungido, hijo de María, como señores, en lugar de tomar a Alá cuando las órdenes que habían recibido no eran sino de servir a un Dios Uno. ¡No hay más dios que Él! ¡Gloria a Él! ¡Está por encima de lo que Le asocian! (9:30-31).

Sin embargo, lo irónico es que el título de «Hijo de María» produce un sonido disonante en la mente islámica, donde siempre se conoce a los hijos por su relación con su padre. El hecho de que se hable de Jesús con relación a su madre subraya la realidad de que no tuvo padre terrenal y, por tanto, es distinto a todos los demás hombres que han caminado sobre la tierra desde Adán.

A pesar de todo, Mahoma declara que Jesús solo es uno más dentro de una larga línea de profetas, que por eso no trajo ninguna revelación nueva, sino solo el mismo mensaje que Dios les había dado a sus profetas en todas las edades y en todos los grupos humanos. Estaba convencido de que el mensaje del Corán no era nada nuevo en la historia del mundo, sino que se trataba de una recapitulación de la revelación que se le dio antes a Adán y que cada uno de los profetas genuinos proclamó en su momento a lo largo los siglos. Aunque más tarde los seres humanos podían torcer (y muchas veces se hacía) o perder esta verdad después del ministerio de un profeta, Dios prometía enviar un nuevo profeta para que llevara la luz donde había tinieblas y la verdad donde prevalecía el error. Para Mahoma no existía una revelación progresiva, sino solo la fiel proclamación de lo que Dios siempre les había dado a conocer a los seres humanos: que solo hay un Dios, el Soberano y Juez de toda la creación, y que todos los seres humanos le deben una sumisión y una lealtad absolutas.

De esta manera, el ministerio de Jesús no era diferente a los de ninguno de los profetas anteriores o posteriores a Él. El sura 42:11 declara para los que se hallaban bajo el ministerio de Mahoma: «Os ha prescrito en materia de religión lo que ya había ordenado a Noé, lo que Nosotros te hemos revelado y lo que ya habíamos ordenado a Abraham, a Moisés y a Jesús: "¡Que rindáis culto y que esto no os sirva de motivo de división!"».

El rechazo de los títulos que enlazan a Jesús con Dios

Por consiguiente, si la misión de Jesús reflejaba el mismo propósito divino que la de Mahoma (y todos los demás profetas anteriores a ellos), nada que Jesús dijera o hiciera habría causado que lo exaltaran por encima del nivel de los simples mortales. Por esta razón, Mahoma rechazaba todos los títulos de Jesús que lo enlazaban con actividades y honores reservados solo para Dios. El Corán se niega a describir a Jesús de las formas que se hallan con mayor frecuencia en el Nuevo Testamento, como llamarlo Señor, Juez, Salvador y Redentor.

No es secreto alguno que el primer lema que unió a la iglesia naciente del Nuevo Testamento fue «Jesús es Señor». Para los judíos (así como para todos los primeros cristianos), atribuirle este título divino tan central a Jesús era sorprendente, porque era algo que se enfrentaba de lleno a su monoteísmo radical. Al llamar «Señor» a Jesús, demostraban su convicción de que el hombre llamado Jesús se debía identificar con el Dios del pacto del Antiguo Testamento, cuyo título primario en las Escrituras hebreas era «Adonai», el cual sustituía en la lectura al tetragrámaton YHWH (Yahvé) y traducido al español como «Señor».

De igual manera, en los primeros tiempos de la historia cristiana, una de las funciones que más se le solían atribuir al Señor Jesús resucitado era la de «juez». La última línea del Credo de los Apóstoles que se refiere a Él dice: «Y vendrá de nuevo para juzgar a los vivos y a los muertos». Esto resume el punto de vista cristiano de que, en su segunda venida, Jesús no solo traerá el final de la historia, sino que también se sentará en el tribunal del juicio con el fin de determinar la disposición final de todas las cosas y todos los seres humanos.

La negación del Redentor

Como hemos visto, Mahoma no podía aceptar ninguna afirmación de divinidad por parte de un ser humano, por lo que le niega estos títulos a Jesús y le devuelve su honra y sus funciones a Alá. Con respecto a la proclamación que hace el evangelio de Jesús como el único Salvador y Redentor del mundo, el profeta árabe también ataca estas afirmaciones desde dos frentes. (1) Niega que el pecado sea una realidad tan mortal como para poner a los seres humanos más allá de toda posibilidad de rescatarse a sí mismos. En lugar de tener una naturaleza caída, con la tendencia a desobedecer a Dios, la gente sobre todo comete pecados por olvido. La solución a este problema está en someterse de todo corazón a Alá y seguir el régimen de prácticas religiosas que ordena Mahoma a fin de mantener siempre en la mente los deberes y las responsabilidades de los seres humanos hacia su Creador, y después cumplir con estos mandatos. Es decir, que no se necesita un Salvador, porque todo ser humano tiene la oportunidad de enderezar ante Alá las cosas torcidas que haya hecho, y Alá les perdona enseguida las ofensas del pasado a los que le demuestran la seriedad de su sumisión.

(2) Mahoma niega que Jesús se sacrificara a sí mismo en la cruz por el género humano. El islam no tiene un sistema de sacrificios como parte de sus normas éticas, aunque es extraño que la fiesta mayor del calendario musulmán sea el *Eid al-Adha* (lit., «la fiesta del sacrificio»). En el día del sacrificio, según el ritual los musulmanes deben sacrificar un animal grande (un camello, una res o una oveja) con insistencia en el derramamiento de su sangre, pero no se les dan razones teológicas sobre la importancia de este acto. Muchos musulmanes conectan este suceso con el de la vida de Abraham en el que este demostró estar dispuesto a sacrificar a

su propio hijo en obediencia a Dios, pero el Corán no ofrece indicio alguno en este sentido. Así que el día festivo más santo del islam subraya el tema del sacrificio y el derramamiento de sangre, pero sin una lógica significativa. La idea de la expiación de los pecados personales está ausente por completo.

Entonces, no es de sorprenderse que Mahoma rechazara la idea de Jesús como el Cordero de Dios que quita el pecado del mundo. Para eliminar la fuerza de esta afirmación entre los cristianos árabes, declaró (sin intento alguno de presentar evidencias de ninguna clase) que Jesús nunca murió en la cruz, sino que Dios lo rescató antes de morir y se lo llevó al cielo. En 4:157-158 leemos: «Y por haber dicho [los judíos]: "Hemos dado muerte al Ungido, Jesús, hijo de María, el enviado de Alá", siendo así que no le mataron ni le crucificaron, sino que les pareció así. Los que discrepan acerca de él, dudan. No tienen conocimiento de él, no siguen más que conjeturas. Pero, ciertamente no le mataron, sino que Alá lo elevó a Sí. Alá es poderoso, sabio» (véase también 3:55).

Aunque las opiniones de los eruditos islámicos en cuanto a lo que sucedió en verdad durante la crucifixión varían mucho, una de las explicaciones que se suelen dar con mayor frecuencia es que Dios engañó a los judíos, cambiándole los rasgos faciales a Judas para que pareciera ser Jesús; entonces se llevó a Jesús al cielo y permitió que los judíos tomaran a Judas y lo crucificaran, pensando todo el tiempo que ejecutaban a Jesús. De esta forma, en la sabiduría de Alá, se protegió al buen profeta Jesús, mientras que el traidor recibió su justa recompensa. Por consiguiente, para los musulmanes la cruz no tiene significado redentor, puesto que Jesús no murió en ella, y es de suponer que aún no ha muerto, puesto que Dios lo libró de la muerte al llevárselo directo al cielo.

El regreso de Jesús a la tierra

Entonces, ¿qué decir de Jesús en estos momentos? Aunque el Corán guarda silencio en cuanto a esto, la tradición islámica indica con claridad que el profeta Mahoma afirmaba que Jesús volvería a la tierra para traer el final de los tiempos. Cuando venga, será como rey de toda la humanidad. Bajo su reinado, todo prosperará, el islam se extenderá por toda la tierra y se marchitará la maldad. Una tradición afirma que Jesús se casará y tendrá hijos, reinará durante cuarenta y cinco años, y después morirá en su ancianidad. El lugar en el que lo enterrarán estará entre el de Abu Bakr y el de Umar (los dos primeros califas del islam), en Medina, y él y Mahoma se levantarán juntos en el día de la resurrección.

Tres títulos definitivos

La imagen que presenta el Corán de Jesús es la de un hombre espiritual exaltado, llamado a ser uno de los profetas más altamente honrados de Alá. Mahoma, por ser el último de los profetas, retiene el honor más alto entre los musulmanes, pero el Corán reconoce la exclusividad del nacimiento de Jesús, la forma en que el poder milagroso de Dios se movió a través de su ministerio, la controversia que rodea a su muerte y su ascensión a los cielos, y su papel como el que traerá consigo el final de esta era. En esos sentidos, podemos decir que Mahoma ocupa un lugar secundario con respecto a Jesús. Aunque el profeta trata de rebajar la estatura de la que disfruta Jesús entre los cristianos, su lenguaje y sus reconocimientos retienen vestigios de las enseñanzas bíblicas. Hay tres títulos definitivos de Jesús que aparecen en el Corán que lo demuestran.

(1) *Mesías*. Esta palabra aparece en el Corán solo para referirse a Jesús. No es posible que Mahoma comprendiera la importancia que tiene este término en el Nuevo Testamento; de lo contrario,

nunca lo habría usado para referirse a Él. Los comentaristas musulmanes posteriores alegan que Mahoma solo quiso que el término se comprendiera en el más básico de los sentidos, como alguien «ungido» por Dios para el ministerio. Sin embargo, de haber sido este el caso, esperaríamos ver este término relacionado con otros profetas que menciona el Corán, y nunca sucede así.

(2) *El Espíritu que procede de Dios.* Ningún otro, ni siquiera Mahoma, lleva este título en el Corán (4:171). Es imposible saber con exactitud qué quiso decir Mahoma con estas palabras, pero de seguro que con ella destaca la cercanía de Jesús a Alá. La palabra árabe que traducimos «espíritu», como la hebrea, también puede significar «aliento». Si se piensa en Jesús como el aliento de Dios, se convierte en la fuerza divina animadora que trae la vida al mundo (véase Génesis 2, donde Dios sopla en la nariz de Adán el aliento de vida, «y el hombre se convirtió en un ser viviente»). Es casi seguro que Mahoma no estuviera pensando de forma consciente en esto, pero el hecho de que use una frase tan única para hablar de Jesús indica que había recibido una profunda influencia, tal vez subconsciente, de la teología cristiana.

(3) *La Palabra de Dios, la Palabra de Verdad.* Es injustificado creer que Mahoma leyera alguna vez el Evangelio de Juan y, por lo tanto, que haya algo relacionado con la Cristología del *logos* tras el uso de estos términos en 4:169 y 19:35. Sin embargo, es innegablemente fascinante el que Mahoma usara un lenguaje así para referirse a Jesús, en especial en una cultura donde el honor, la sabiduría y el poder estaban tan íntimamente relacionados con la palabra hablada. Llamar a Jesús «Palabra de Dios» es concederle el más alto honor imaginable dentro de la cultura árabe del siglo VII. Al igual que sucede con cada uno de los títulos anteriores, el de *Palabra de Dios / Palabra de Verdad* es exclusivo de Jesús en el

Corán. No hay ningún otro ser humano que comparta este honor; solo Jesús alcanza esta categoría. Aun así, el Corán es una copia de un libro eterno que hay en el cielo, mientras que Jesús es la personificación de la mente viva y el corazón de Dios. Él es el agente vivo y consciente en el cual, y por medio del cual, la Palabra de Dios se manifiesta al mundo.

¿Trampolín para testificar?

Muchos cristianos se quedan asombrados al descubrir la cantidad de verdad con respecto a Jesús que se encuentra en el Corán. Esto podría constituir una sólida base para tener la esperanza de que el propio Corán pudiera servir como trampolín evangelístico para testificarles a los musulmanes de una forma más plena de las buenas nuevas acerca de Jesús, si no fuera por una realidad: El Corán niega de forma explícita la divinidad de Cristo, y con ella, la doctrina que es su corolario: la Trinidad. Puesto que a los musulmanes se les instruye repetidas veces en el dogma de que el Corán contiene la verdad definitiva, no están dispuestos de manera universal a mirar otras fuentes ajenas al Corán para juzgar nada de lo que se halla escrito en él.

Hace muchos años, mientras vivía en Arizona, conocí a un joven musulmán que hacía estudios de posgrado en la Escuela Internacional Thunderbird de Administración de Negocios. Cuando entablamos una amistad, y Hussein descubrió que yo era pastor, nuestra conversación giraba con frecuencia alrededor de cuestiones religiosas, y en particular en torno a la cuestión de cómo comprender a Jesús y su misión. Sorprendido de que un cristiano hubiera leído el Corán y conociera la teología islámica, Hussein me preguntó por qué yo no aceptaba sus conclusiones acerca de Jesús, por encima de lo que afirma la Biblia. Después de hablar del tema de la veracidad de la Biblia, comparada con la del

Corán, le pregunté si no estaría de acuerdo en que la mejor forma de conocer a alguien al cual uno no tiene un acceso directo no sería escuchando lo que sus mejores amigos dicen acerca de él.

—Pues sí —me concedió Hussein—, pero en este caso, aunque entre Jesús y Mahoma pasaron seis siglos, el ángel de la revelación de Alá dirigió a Mahoma.

—Entonces, si lo que los amigos más íntimos de Jesús decían acerca de Él difiere de una manera tan fundamental de lo que dijo Mahoma, ¿acaso eso no levanta un interrogante en cuanto a la veracidad de las recitaciones de Mahoma con respecto a Jesús?

—No —me respondió Hussein—. Demuestra la inexactitud de los informes atribuidos a los amigos de Jesús.

Yo entonces lo invité a leer por su cuenta los relatos de los Evangelios antes de tomar una decisión tan arbitraria. Como yo había leído el Corán, él se sintió obligado a conceder que, por lo menos, él debía leer el Nuevo Testamento. Sin embargo, en el año que transcurrió antes que volviera al Oriente Medio, nunca pareció que llegara a abrir el libro.

Ganar mediante el amor

Cuento esta historia solo para destacar las inmensas barreras a las que se enfrentan los musulmanes en cuanto a escuchar la verdad del evangelio. En su mayoría, los han educado para evitar la Biblia como un libro corrompido por los agentes de Satanás y, por lo tanto, repleto de errores. En su mente, la única revelación segura es el Corán. Por eso es muy difícil lograr que los musulmanes lean la Biblia o alguna parte de ella. Aunque tal vez admiren la dedicación de un cristiano a la lectura y el conocimiento de sus propias Escrituras, son cautelosos en cuanto a leerlas ellos mismos.

Como resultado, lo más cerca que pueden llegar muchos musulmanes a ver una verdadera imagen de Jesús es cuando la ven en un cristiano que les brinda su amistad, o mejor aun, en una comunidad cristiana que les abre los brazos con amor y aceptación. Mi propia experiencia es idéntica a la de muchos misioneros que tienen una experiencia mucho mayor que yo en la evangelización: A los musulmanes se les gana para el verdadero Cristo de la misma forma que a la mayoría de los otros seres humanos, no con argumentos, sino con amor. Ver a Cristo vivo en un creyente es algo mucho más irresistible que escuchar argumentos relacionados con su divinidad o con la necesidad de la expiación sustituta.

Estoy convencido de que se puede ganar al mundo musulmán para el reino de Dios, pero solo a través del amor de Dios. Esto va a suceder cuando la iglesia descubra de nuevo en la práctica su primer amor. Cuando el pueblo de Dios se enamore otra vez de Jesús y de su imponente gloria, el mundo musulmán se agitará y se dará cuenta de lo que está sucediendo. Sin embargo, no podemos esperar de los musulmanes que aparten los ojos de la verdad tan limitada que poseen, mientras nosotros mismos no nos sintamos cautivados por Aquel que es el Camino, la Verdad y la Vida.

No todos los textos
se crearon iguales

Los cristianos creemos que la Biblia es la Palabra inspirada de Dios. Los musulmanes creen que el Corán es esa Palabra inspirada. No obstante, para los cristianos hay algunos textos bíblicos que tienen un peso teológico mayor que otros, y algunos pasajes poseen una belleza lírica y unas imágenes que los ponen por encima de otros pasajes de la Biblia. Por ejemplo, Karl Barth sostenía que Romanos 5 es el capítulo más importante de toda la Biblia desde el punto de vista teológico. Muchos cristianos tienen en Romanos 8 su capítulo favorito a causa de su contenido repleto de esperanza y de declaraciones triunfales. Otros señalan el Salmo del Pastor (el Salmo 23), o el Salmo 139, por su belleza y su mensaje.

Sin duda, en la historia de la adoración de la iglesia, textos como el Padrenuestro, la bendición aarónica, las Bienaventuranzas y las oraciones del Apocalipsis, han desempeñado un papel prominente. Con respecto a la teología sistemática, Génesis 1–3 y Romanos 9–11 han hecho unas aportaciones grandiosas. En cuanto a la teología aplicada (o moral), el Sermón del Monte (Mateo 5–7) es el sine qua non de las enseñanzas éticas cristianas. Por consiguiente, si tenemos en cuenta todo el panorama de los textos bíblicos, vemos muy pronto que no todos los textos tienen el mismo peso sobre la vida del cristiano, ni de la iglesia en general.

Lo mismo sucede con el islam y con el musulmán. Nuestra meta en este capítulo consiste en explorar el panorama del Corán y destacar los textos que han alcanzado prominencia en la tradición y la práctica musulmanas. Como veremos, además de utilizar los criterios de un fuerte significado y de una belleza poética, el islam también apela a historias atribuidas a Mahoma en las tradiciones con el fin de señalar los textos coránicos que tienen un valor supremo para la vida musulmana.

Rasgos exclusivos y estructura del Corán

Sin embargo, antes de ver algunos textos concretos, es instructivo que pensemos en algunos rasgos del texto y algunas ayudas estructurales que son exclusivos del Corán. Como hemos visto, el Corán contiene 114 suras o capítulos. Además de estar numerados, cada capítulo tiene un título (o más de uno), tomado de alguna palabra o frase del texto. Las tradiciones afirman que el propio Mahoma le dio a cada sura su título, pero esto es muy poco probable, puesto que la mayoría de los capítulos no se ordenaron en su forma definitiva sino hasta después de su muerte, y muchas veces estos suras en su forma presente contienen una mezcla de material procedente de distintos períodos dentro de la carrera de revelación del profeta.

Con excepción del sura 9, cada uno de los capítulos comienza con una frase conocida como el *bismillah*, lo cual significa literalmente «en el nombre de Alá», y que en su totalidad dice: «¡En el nombre de Alá, el Compasivo, el Misericordioso!». Los musulmanes devotos repiten estas palabras muchas veces al día, porque son las palabras iniciales del primer capítulo del Corán y por eso forman parte necesaria de las cinco oraciones diarias obligatorias.

Nadie sabe con certeza por qué el sura 9 carece de esta fórmula de introducción, pero hay una gran posibilidad de que en un principio formara la segunda mitad del sura 8 y de alguna forma, en un momento muy temprano, se desprendiera de él para formar un capítulo por sí mismo. Si miramos con detenimiento el final del sura 8 y el comienzo del sura 9, vemos que hay una continuidad en el tema central, que se refiere a la forma en que Mahoma y sus seguidores deben realizar el *yihad* contra los incrédulos y los politeístas. La transición de un sura al siguiente es casi imperceptible.

En cuanto a su estructura, el Corán emplea ayudas devocionales con el fin de facilitarle al lector la atención al texto. Cada uno de los ciento catorce suras se halla dividido en secciones menores, llamadas *ruku'ah*, palabra derivada del término árabe que traducimos como «inclinarse». A los musulmanes se les exhorta a demostrar su respeto con una reverente inclinación. Estas secciones están marcadas con la letra *'ain* del alfabeto árabe en el margen del texto, y lo típico es que aparezcan a la par unas designaciones numéricas que indiquen primero el número de la sección en orden desde el principio, y después el número de versículos que hay en esa sección en particular.

Además de esto, el Corán en su conjunto está dividido en treinta partes que tienen una extensión más o menos igual, a fin de ayudar al musulmán obediente que quiere recitarlo entero durante los treinta días del Ramadán. A cada una de estas partes se le llama en árabe *yuz* (o *siparah* en persa). Cuando los musulmanes recitan textos largos, lo típico es que terminen uno o más de estos segmentos mayores, en lugar de limitarse a recitar unos suras determinados. Los textos manuscritos más antiguos suelen marcar el principio de un *yuz* con algún tipo de medallón que capte la atención. Las ediciones modernas impresas indican muchas veces la nueva sección a base de algún adorno especial en el texto.

Para los que tienen una cantidad significativa de tiempo libre, en el Corán también se marcan siete divisiones (llamadas *manzil* en persa), de manera que se pueda recitar completo en una semana. Por último, también está dividido en tres grandes bloques, a fin de que la persona se pueda sumergir pro completo en el texto entero a lo largo de tres días. Sin embargo, este es el límite extremo: nunca se debe leer el libro santo entero por devoción en menos de este período de tiempo mínimo.

Las divisiones del Corán			
114 suras (capítulos)	30 *yuz* (partes)	7 manzil (divisiones)	3 bloques
	Para los treinta días del Ramadán	Para recitarlo en una semana	Para recitarlo en tres días

Se pueden encontrar otras marcas en los márgenes de muchas ediciones del Corán, designadas a proveer dirección para la cadencia apropiada al recitar los textos (por ejemplo, los acentos, cuando se hace una ligera pausa, etc.).

La lectura y la recitación del Corán

Una gran cantidad de ritos y formalidades rodean incluso a la lectura o recitación privada del Corán. Se deben realizar las abluciones adecuadas antes de abrirlo, seguidas por esta oración: «Busco la protección de Alá contra el maldito Satanás». Esto va seguido por el *bismillah*. Sobre todo durante las lecturas públicas se esperan diversas respuestas verbales al final de ciertos suras:

- Al final del *Fatíha* (sura 1) y de *Al Bacara* (La vaca, sura 2), los congregados responden diciendo *Amín* (el equivalente al «Amén» de los judíos y los cristianos).

- La conclusión del sura conocido como El viaje nocturno y la Tribu de Israel (*Al esra*, sura 17), causa que se diga el estribillo *Allahu akbar* («¡Dios es inmenso!»).

- El sura 67 (El dominio, *Al molk*) termina exhortando con estas palabras al que lo está escuchando: «Di: "¿Qué os parece? Si el agua se os agotara una mañana, ¿quien iba a traeros agua viva?"». Y la respuesta que se espera del pueblo es: «¡Alá nos la trae, y él es el Señor de todos los mundos!».

- Después de recitar el sura de la resurrección (*Al qiama*, sura 75), que termina con la pregunta «Ese tal ¿no será capaz de devolver la vida a los muertos?», el estribillo con el que se responde es este: «Sí, porque él es mi Señor altísimo».

Asimismo, hay ciertos versículos en particular dentro de algunos suras que requieren una respuesta verbal adecuada. Por ejemplo, en el sura 3 (La familia de Imrán, *Alí Emrán*), después de una declaración que aparece al principio del sura, y que dice: «¡Alá! No hay más dios que Él, el Viviente, el Subsistente», se espera de los presentes esta respuesta: «Yo doy testimonio de esto». Además de estas respuestas verbales, se espera el acto físico de postrarse después de la recitación de catorce versículos determinados que se hallan esparcidos por todo el Corán, y en los cuales se menciona la postración como elemento de la adoración. Durante estas postraciones, se pronuncian invocaciones rituales.

Las letras misteriosas

De los ciento catorce suras, hay veintinueve que después del *bismillah* comienzan con letras del alfabeto árabe no relacionadas entre sí, que pueden ir desde una letra hasta cinco. Los eruditos musulmanes afirman que estas misteriosas letras que aparecen allí tienen un profundo significado religioso que solo conoce Dios, y tal vez Mahoma. Sin embargo, esta posición no ha impedido que los fieles especulen acerca de su significado, y así han surgido numerosas explicaciones llenas de imaginación. Seis de esos veintinueve suras comienzan con Alif, Lam y Mim (A, L, y M). Otros seis comienzan con Ha y Mim (H y M) y cinco comienzan con la combinación de Alif, Lam y Ra (A, L y R). Un capítulo muy conocido, el sura 36, recibe en sí su nombre de las misteriosas letras con las que comienza: Ya-Sin.

El capítulo más importante

El sura más importante en la vida de un musulmán practicante es el sura 1, llamado de un modo adecuado *al-Fatíha* («el exordio»). Este sura tiene otros títulos populares que dan alguna indicación sobre su contenido, lugar y aplicación entre los musulmanes. Por ejemplo, sus títulos «Capítulo de alabanza» y «Los siete recitales» destacan el hecho de que solo contiene siete versículos, que se centran primero en la alabanza de Alá, seguida por una petición para que los guíe con claridad. Según numerosas tradiciones, se dice que Mahoma le daba a este sura el nombre de «la lectura exaltada», clasificándolo como el mayor de los capítulos de Corán y más preciado para él que todos los tesoros del mundo. A causa de su lugar central en las cinco oraciones diarias obligatorias, además de su recitación popular sobre los enfermos para llevarles la curación, y sobre los muertos como medio para buscar la misericordia definitiva de Dios sobre ellos, *al-Fatíha* también ha ganado el título de *Umm al-Qur'an* («Madre del Corán»). Según el sura 15:87, *al-Fatíha* es el capítulo más significativo de todo el Corán: «Te hemos dado siete de los *mazani* [los siete versículos repetidos con frecuencia] y el sublime Corán».

Este capítulo es tan importante, que la tradición afirma que Mahoma lo recibió dos veces por revelación, una en La Meca y otra de nuevo en Medina. Es único con respecto al resto del Corán, por ser una oración directa a Alá, mientras que en el resto del Corán afirma que es Alá el que se dirige a Mahoma, a la comunidad musulmana o al género humano en general. Se dice que Mahoma proclamó que los que no reciten *al-Fatíha* no se les puede contar como que han observado la oración obligatoria. El lugar de este sura al principio del Corán se halla en amplio contraste con la regla general organizativa de poner los suras en orden desde la más larga hasta la más corta. De esta manera, *al-Fatíha* se destaca muy por encima de todos los demás textos:

> ¡En el nombre de Alá, el Compasivo, el Misericordioso!
> Alabado sea Alá, Señor del universo,
> el Compasivo, el Misericordioso,
> Dueño del día del Juicio,
> A Ti solo servimos y a Ti solo imploramos ayuda.
> Dirígenos por la vía recta,
> la vía de los que Tú has agraciado, no de los que
> han incurrido en la ira, ni de los extraviados.

Según una tradición del Hadit recogida por al-Bukhari, Mahoma les impuso a sus seguidores que dijeran *Amín* después de la recitación de este sura, con la promesa de que si sus amenes coincidían con los de los ángeles, se les perdonarían todos sus pecados pasados.

El capítulo de la pureza

Segundo en importancia después de *al-Fatíha*, es otro sura corto, el Capítulo de la pureza (*al- Ejlas*, «La fe pura», 112):

Di: «¡Él es Alá, Uno,
Dios, el Eterno.
No ha engendrado, ni ha sido engendrado.
No tiene par».

Este capítulo hace resaltar la exclusividad y la unidad de la naturaleza de Dios, y sirve como polémica, tanto contra el paganismo («No tiene par»), como contra el cristianismo («No ha engendrado, ni ha sido engendrado»). Se usa con regularidad en la literatura islámica anticristiana, y es bien conocido en todo el mundo islámico. También es un favorito entre los calígrafos como medio de exhibir sus talentos. Por cierto, una bella reproducción caligráfica de este sura colgaba enmarcada en una pared del estudio de mi padre durante años, aunque él ya había dejado por completo de ser un musulmán practicante.

Las tradiciones del Hadit recogen la gran estima que tenía Mahoma por este sura de la pureza. Se dice que les preguntó a sus compañeros si alguno de ellos podía recitar la tercera parte del Corán en una sola noche. Cuando todos reaccionaron sorprendidos y desalentados, él afirmó que la recitación de este sura equivale a la tercera parte del Corán entero. En otra ocasión, al oír a uno de sus seguidores que recitaba este sura, Mahoma anunció que el que lo había recitado tenía asegurado su lugar en el paraíso.

El corazón del Corán

Un tercer capítulo que Mahoma tenía en alta estima es el sura 36, *Ya Sin* (nombrado antes de manera concisa). Se dice que el profeta declaró con respecto a este sura: «Todo tiene corazón, y el corazón del Corán es el capítulo *Ya Sin*. Todo aquel que lo lee, para él Dios anotará una recompensa igual a la ganada por leer diez veces el Corán». No es de sorprenderse que este sura se halle con frecuencia en los folletos de oración musulmanes o impreso solo para facilitar su acceso. Como sucede con el sura de la pureza, los versículos iniciales de *Ya Sin* son blanco con frecuencia de las habilidades de los calígrafos.

El Capítulo de la vaca

Por último, el Capítulo de la vaca (el sura 2), el más largo del Corán, tiene un gran peso espiritual. Una de las tradiciones del Hadit asegura: «De veras, el diablo huye de la casa en la que se lee el sura de la vaca». Esta categoría se debe en gran parte a los dos versículos finales del capítulo, con respecto a los cuales se afirma que Mahoma dijo: «Si una persona recita los dos últimos versículos del *Surat al-Baqarah* ["la vaca"] de noche, esto va a ser suficiente para ella». Este capítulo dice lo siguiente:

El Enviado cree en cuanto le ha sido revelado por su
Señor, y lo mismo los creyentes.

Todos ellos creen en Alá, en Sus ángeles, en Sus Escrituras
y en Sus enviados. No hacemos distinción ente ninguno
de Sus enviados.

Han dicho: «Oímos y obedecemos. ¡[Buscamos] Tu
perdón, Señor!

¡Eres Tú el fin de todo!» (v. 285).

Alá no pide nada a nadie más allá de sus posibilidades.
Lo que uno haya hecho redundará en su propio bien o en
su propio mal. [Imploramos:] ¡Señor! ¡No castigues
nuestros olvidos o nuestras faltas! ¡Señor!

¡No nos impongas una carga como la que impusiste a
quienes nos precedieron! ¡Señor!

¡No nos impongas más allá de nuestras fuerzas!

¡Y absuélvenos, perdónanos, apiádate de nosotros!

¡Tú eres nuestro Protector! ¡Auxílianos contra el pueblo
infiel! (v. 286).

En estos versículos se resume el mensaje central del islam y
llevan a una oración para pedir misericordia y perdón.

El versículo del trono

El sura 2 contiene también el versículo que Mahoma consideraba superior a todos los demás del Corán. Conocido como «El
Versículo del trono», subraya con elocuencia la soberanía de
Dios al afirmar que él es por derecho el dueño de todo cuanto
existe y el que lo sostiene, y que él conoce y permite todo lo que
sucede o va a suceder en la creación:

¡Alá! No hay más dios que Él. El Viviente, el Subsistente. Ni la somnolencia ni el sueño se apoderan de Él. Suyo es
lo que está en los cielos y en la tierra. ¿Quién podrá interceder ante Él si no es con Su permiso? Conoce su pasado y su

futuro, mientras que ellos no abarcan nada de Su ciencia, excepto lo que Él quiere. Su Trono se extiende sobre los cielos y sobre la tierra y su conservación no le resulta onerosa. Él es el Altísimo, el Grandioso (2:255).

Sura de la luz

Otro versículo coránico que valoran en particular los del ala mística del islam, conocidos como sufíes, es el Sura de la Luz 24:35. Escrito con una bella delicadeza poética, habla de la resplandeciente gloria de Dios:

Alá es la Luz de los cielos y de la tierra.
Su Luz es comparable a una hornacina en la que hay un
pabilo encendido.
El pabilo está en un recipiente de vidrio,
que es como si fuera una estrella fulgurante.
Se enciende de un árbol bendito,
un olivo, que no es del Oriente ni del Occidente,
y cuyo aceite casi alumbra
aun sin haber sido tocado por el fuego.
¡Luz sobre Luz! Alá dirige a Su Luz a quien Él quiere.
Alá propone parábolas a los hombres.
     Alá es omnisciente.

La búsqueda de protección

Los musulmanes preocupados por la maldad y que buscan protección contra enemigos humanos o demoníacos, se aprenden de memoria los dos suras finales del Corán (113 y 114) con el fin de recitarlos en forma de encantamientos defensivos. Estos dos cortos capítulos imploran la protección de Alá contra los diversos ataques instigados por los poderes de las tinieblas. En especial, dentro del mundo del islam popular, estos suras finales desempeñan un papel de importancia en los intentos rituales diarios por mantener el control sobre unas supersticiones que de otra forma resultarían abrumadoras:

Di: «Me refugio en el Señor del alba
del mal que hacen sus criaturas,
del mal de la oscuridad cuando se extiende,
del mal de las que soplan en los nudos,
    del mal envidioso cuando envidia». (Sura 113)

Di: «Me refugio en el Señor de los hombres,
el Rey de los hombres, el Dios de los hombres,
del mal de la insinuación, del que se escabulle,
que insinúa en el ánimo de los hombres,
sea genio, sea hombre». (Sura 114)

Aunque sigue siendo cierto dentro del pensamiento musulmán que todas las partes del Corán son dignas de aprender de memoria y recitar, se les atribuye el mayor mérito a los suras y los versículos de los que hemos hablado en este capítulo. En el mundo entero hallaremos musulmanes leyéndolos, recitándolos y escribiéndolos con regularidad como ejercicio espiritual, con la esperanza de ganar el favor eterno de Alá. Al fin y al cabo, creen que el Corán vino de la boca misma de Dios y creen, además, que lo que más le encanta es escuchar sus propias palabras recitadas por la creación.

Esto suscita la pregunta fundamental sobre la naturaleza de Dios y sus planes para el mundo. ¿Es Alá, el Dios del Corán, el mismo Dios revelado en la Biblia? ¿Son compatibles las teologías del islam y del cristianismo? Veremos estas cuestiones tan colosales y complicadas en el próximo capítulo.

¿Es Alá un dios falso?

Imagínese a seis amigos que están sentados hablando de diversos temas cuando se menciona el nombre «Jimmy Magee». La primera persona dice:

—He oído ese nombre muchas veces, pero en realidad nunca he visto al hombre. Estoy convencido de que esa persona no existe; solo es un sueño de la imaginación de alguien.

—¿Cómo puedes estar tan seguro? —responde el segundo amigo—. ¿Has buscado en todos los pueblos y las ciudades? Aunque en verdad nunca he conocido a este Jimmy Magee, no puedo decir con certeza que no exista.

—Ah, Jimmy Magee —dice el tercer amigo—. Su nombre representa lo mejor que hay en cada uno de nosotros; todos somos Jimmy Magee. Solo tenemos que abrir los ojos y prestar atención.

—No, no —dice el cuarto—. *Tiene* que haber una persona real que se llame Jimmy Magee. Yo he oído hablar de él; es un joven alto y fornido que mide un metro noventa, juega primera base con los Bravos de Atlanta y le encanta la música *country*.

—Bueno, tienes razón en una cosa —dice el quinto amigo—. Sí hay un verdadero Jimmy Magee, pero estás equivocado en cuanto a los detalles. La gente que lo conoce me lo ha descrito, y he leído acerca de su vida. No es estadounidense, sino inglés, nacido y criado en Northumbria. No sabe nada en lo absoluto de béisbol, pero según he oído, está chiflado con el *cricket*. Es un ciudadano de Durham, retirado del servicio de correos y le encanta la jardinería.

—Sí —afirma el último miembro del grupo—. Están describiendo en parte al verdadero Jimmy Magee, pero es mucho más. Lo sé porque hemos sido amigos desde niños. Hemos pasado juntos muchas situaciones difíciles, y hemos compartido corazón, mente y alma durante más de cuarenta años. Déjenme hablarles del verdadero Jimmy Magee...

Si sustituimos el nombre de Jimmy Magee por el término «Dios» en el diálogo anterior, y hacemos los demás cambios necesarios, estos amigos representarán desde un punto de vista cristiano seis perspectivas posibles en la cuestión del conocimiento de Dios.

- El primero, por supuesto, representa al ateo, seguro de que no hay un Dios y por eso no hay posibilidad de conocer a tal ser.

- El segundo es el agnóstico, no comprometido debido a la incertidumbre.

- El tercero refleja una cosmovisión monista oriental, tal como se podría presentar en términos pertenecientes a la Nueva Era. Esta persona niega la posibilidad de una relación personal con un Dios real que es otro ser distinto a nosotros, porque al final no hay diferencia entre el yo y las demás cosas. Todo en esencia es uno, así que no hay posibilidad de una relación real, porque toda relación exige que haya dos personas distintas.

- El cuarto amigo representa al que siente la profunda convicción de que al fin y al cabo tiene que existir un Dios, pero está errado en cuanto a la naturaleza de ese Dios verdadero, por lo que conjura una imagen divina que es fatalmente engañosa.

- El quinto amigo representa al que ha reunido una buena cantidad de información cierta acerca de Dios, tomada de otros a los que Dios se les ha revelado en el pasado. Sin embargo, le falta un sentido personal de quién es Dios y de lo que más le apasiona, cuáles son sus prioridades, qué ama y qué detesta. Como consecuencia, la descripción de Dios que ofrece esta persona, aunque contiene muchas verdades importantes, es desviada porque no ha entendido bien el núcleo mismo de la identidad personal de Dios o se mantiene ignorante con respecto a él.

- El sexto y último miembro del grupo representa a alguien que ha disfrutado de una relación viva con Dios durante muchos años y cuya comprensión sobre Él se basa en lo que ha dicho acerca de sí mismo, en lo que otros que lo han conocido han dicho de Él y en lo que este creyente ha descubierto acerca de Él mediante su experiencia personal, al caminar por la vida con Él a su lado. Aunque este amigo nunca se atrevería a afirmar que comprende todo lo que se puede conocer acerca de Dios, sería capaz de afirmar que su conocimiento de Él representa una descripción precisa de la esencia de lo que los seres humanos pueden llegar a saber sobre Dios en esta vida.

Los dos puntos de vista que nos interesan en este capítulo son el quinto y el sexto. Escribo como cristiano, poniendo al creyente musulmán en la quinta categoría y al creyente cristiano en la sexta.

Similitudes entre los puntos de vista musulmán y cristiano de Dios

Es demasiado injusto declarar de forma inequívoca que los musulmanes y los cristianos creen en dioses diferentes, pues hay mucho que enlaza ambas teologías, de seguro mucho más de lo que uno halla en comparación en la teología hindú, la budista o incluso la mormona. Los musulmanes sostienen la soberanía total de Dios, reverencian su majestad por encima de todas las cosas creadas, ven sus huellas en todo lo que ha hecho, se inclinan ante sus juicios y decretos, y creen en el desenlace final de toda la historia, en el cual el Juez divino dividirá a la humanidad entre los que recibirán la bienaventuranza eterna y los que serán condenados por toda la eternidad. Dios no tiene igual en sabiduría, poder y riqueza. Por cierto, hay un abismo infinito de gloria que separa el peso y el valor de Dios, del peso y el valor de todos y cada uno de los seres creados. De aquí que Dios no tenga iguales, ni nadie con quien compartir su gloria. Solo Él es eterno, y no tiene principio ni fin. No tiene necesidades y habita más allá del tiempo y del espacio.

¿Y el nombre de Alá?

Hasta ahora, todo va bien. Hay muchas cosas en las que están de acuerdo los cristianos y los musulmanes con respecto a Dios. En efecto, de los noventa y nueve nombres (cualidades) que se asocian por tradición con Dios en el islam, los cristianos pueden aceptar al menos noventa, y tal vez más. La palabra árabe para referirse a Dios, Alá, no solo la usan los musulmanes, sino también los cristianos que hablan árabe al referirse al Dios de la

Biblia. Es una contracción de las palabras *al-Ilah*, que traducidas literalmente significan «La Deidad», y por eso sirve para resaltar el hecho de que Dios es incomparable.

Sin embargo, mientras que los cristianos consideran que la palabra «Alá» es un nombre genérico para referirse a Dios, la mayoría de los musulmanes no la consideran así, y alegan en cambio que «Alá» es una palabra única y no se deriva de nada, y que constituye el nombre propio de Dios (de forma muy parecida a la forma en que se vería la palabra «Yahvé» en el judaísmo). Lo interesante es que la palabra «Alá» se usaba en la Arabia preislámica para designar al Creador y Proveedor supremo dentro del panteón de dioses y diosas. No obstante, Mahoma censuró este punto de vista y trató de sacar del ambiente a todo dios que no fuera Alá. Su monoteísmo total condujo a una multitud de nombres más para Alá (en la forma de atributos), los cuales sirvieron para sustituir los papeles que desempeñaban antes las deidades menores. Con todo, estos otros nombres solo son atributos o caracterizaciones de las actividades de Dios en el mundo. El nombre personal de Dios sigue siendo para siempre el de Alá.

Lo que refleja el Corán de las enseñanzas bíblicas

El Corán refleja la revelación bíblica en sus enseñanzas acerca de la creación de Adán y Eva por Dios, su decisión de escoger a Abraham como el bienaventurado patriarca, su llamado a grandes profetas como Moisés y David para los israelitas, y las detalladas leyes según las cuales debía vivir el pueblo escogido. El Dios de la Biblia y el del Corán tienen mucho en común, y no es la razón menos importante el hecho de que Mahoma derivara en gran parte los detalles de su comprensión acerca de Dios, tanto de sus conversaciones con conocidos o pariente judíos y cristianos, como de las tradiciones judeocristianas canónicas y extracanónicas que circulaban en el oeste de Arabia en el siglo VII.

Diferencias entre los puntos de vista musulmán y cristiano de Dios

A pesar de todo lo anterior, debemos apresurarnos a hacer la observación de que hay muchas diferencias significativas entre la descripción cristiana de Dios y la musulmana. La primera se centra en la cuestión sobre si es posible en realidad conocer a Dios. El islam sostiene que no. Es más, el Corán no es un libro de revelación acerca de Dios mismo, sino de revelación en cuanto a la voluntad de Dios sobre la conducta del ser humano y su plan para el orden creado. Aunque el Corán declara que todos los nombres más hermosos le pertenecen a Alá (7:180) y que los musulmanes los deben usar al invocarlo, estos nombres no describen su esencia, sino solo algunas de sus actividades. En su esencia, Dios es imposible de conocer. Una tradición humorística afirma que en realidad hay cien nombres para Alá, pero el ser humano solo conoce noventa y nueve. El otro solo lo conocen Dios y el camello, lo cual explica que este animal sea tan arrogante y desdeñoso.

Es típico entre los teólogos musulmanes el empleo de una teología de negación (la identificación de Dios en función de lo que no es) en sus intentos por describir a Dios. Puesto que es del todo trascendente, el uso de fabricaciones humanas y metáforas tomadas de la creación para describir a Dios es inadecuado y engañoso. Sí, dicen los musulmanes, Dios es muy misericordioso, pero su misericordia no es lo que nosotros concebimos como misericordia en el plano humano. Al final, por consiguiente, este tipo de teología trata de definir a Dios diciendo lo que no es y no lo que es. Podemos conocer detalles de la actuación de Dios en el pasado, pero no podemos saber lo que lo motiva en realidad. Su esencia siempre se nos escapa, pues su naturaleza se halla fuera de nuestro alcance.

La fe cristiana está de acuerdo en que Dios es demasiado grande para que la mente humana finita lo pueda comprender. Sin embargo, está en un radical desacuerdo con la afirmación de que es imposible conocer a Dios. Nuestra capacidad para conocerlo depende de dos realidades contingentes: la bondadosa condescendencia de Dios al revelarse a sí mismo de maneras que podamos comprenderlo como es debido, y la adecuada receptividad del alma humana ante estas revelaciones de Dios. Según la fe cristiana, ambas realidades dependen de la gracia de Dios, que la ha ejercido de la manera más profunda a través del ministerio de encarnación de su Hijo.

La cuestión sobre la disposición de Dios a darse a conocer por el género humano se ha respondido para siempre en la venida de Jesús a este mundo. Aquel que es la plenitud de Dios habitando en forma corporal (Colosenses 2:9), ha venido para dar a conocer a Dios a este mundo (Juan 1:18). Aunque no lo podemos saber todo con respecto a Dios, sí podemos saber lo que Él decide revelar acerca de sí mismo, y según Jesús nos ha revelado su corazón: nos ha revelado que Él es amor y que anhela darse a sí mismo a nosotros por la eternidad. Este amor lo ha demostrado no solo en palabras, sino en la carne, por así decirlo.

¿Obediencia o relación?

En este punto es donde una de las grandes diferencias entre el islam y el cristianismo se hace inequívocamente clara. En el islam, Dios no se revela a sí mismo, sino que revela su voluntad con respecto a la humanidad. Su preocupación no consiste en invitar a los seres humanos a una relación de amor consigo mismo que transforme sus vidas, sino en exigirles una justa obediencia a sus preceptos. Bajo el islam, la mejor esperanza que pueden tener los seres humanos es la de que le reconozcan y recompensen como fieles siervos. Con este fin, Dios ha enviado ciento veinticuatro mil profetas (según las tradiciones del Hadit) a lo largo de las edades, con el mismo mensaje esencial: «Sometan su vida a la voluntad de Dios, tal como la ha dado a conocer por medio de sus diversos voceros». Nosotros tenemos la responsabilidad de obedecer, y nuestra obediencia o desobediencia es la que determina nuestro destino final.

En el cristianismo, por el contrario, a Dios no le interesa la obediencia en sí misma, sino el perfeccionamiento de la vida del ser humano mediante la transformación que produce la habitación del Espíritu de Dios en él. Esto se produce cuando vivimos en la presencia de Dios, que se nos ha hecho accesible en Jesucristo. A través de la vida, muerte y resurrección del Hijo de Dios, se nos invita a participar en su relación con el Padre y por eso nos aceptan en la familia de Dios, no como siervos en la periferia de sus propiedades, sino como hijos amados, bienvenidos a los lugares más íntimos del hogar divino. La increíble intención que tiene Dios consiste en abrirle su corazón al género humano por medio de la encarnación de su Hijo, y esto distingue al evangelio de Jesucristo, tan lleno de gozo, del austero mensaje de Mahoma.

La solitaria personalidad de Dios

La afirmación más dominante en el Corán acerca de Dios se refiere a su naturaleza unitaria. Conocido como la doctrina de *tawhid*, este punto de vista resalta la personalidad solitaria de Dios y guarda su naturaleza esencial de toda confusión, mezcla o rivalidad con cosa alguna de la creación. «En verdad, vuestro Dios es Uno: Señor de los cielos, de la tierra y de lo que entre ellos está, Señor de los Orientes» (37:4-5; véanse también 2:163; 6:19; 16:22; 112:1-4). Los que violan esta verdad, la más básica de todas, son culpables, como observamos antes, del pecado de *shirk* (asociar algo de la creación con el Creador, atribuyéndole la divinidad a aquello a lo cual le corresponde en toda justicia un lugar situado bajo el trono de Dios).

En parte, esta fuerte insistencia en el abismo entre Dios y sus criaturas predispone a los musulmanes ver a Dios como remoto e inaccesible en lo personal. No es de sorprenderse que el atributo divino que sostengan con mayor ardor sea el de su poder incomparable, empleado con una autoridad absoluta. A un ser solitario no se le puede definir como amor, ni a un ser así le es posible ejercitar amor mientras no haya un objeto de ese amor. Antes de la creación, Dios, tal como lo entiende el islam, existió por toda la eternidad en su soledad, en medio de su majestuosa unidad. Aun después de la creación, el Corán caracteriza a Alá como amoroso, pero *solo* con los que le hayan servido con fidelidad.

Este amor divino no es más que la recompensa del favor de Dios a sus obedientes esclavos, en lugar de la participación personal de Dios en su vida, entrelazando su corazón y su alma, por así decirlo, con los suyos. Para la mente musulmana, una condescendencia divina de este tipo sería señal de que existe debilidad en Dios, y no de fortaleza, porque implica que Dios está buscando en otros algo que le falta a Él. Entonces, como Dios es del que necesitan todos los demás, pero que no necesita a nadie ni a nada, esto no puede ser.

Por consiguiente, Mahoma exhorta en el Corán a sus seguidores: «Si amáis a Alá, ¡seguidme! Alá os amará y os perdonará vuestros pecados. Alá es indulgente, misericordioso» (3:31). De nuevo proclama en el versículo siguiente: «¡Obedeced a Alá y al

Enviado!». Entonces hace una advertencia final: «Si vuelven la espalda, Alá no ama a los infieles» (3:32).

Es evidente que en el Corán se ordena que el ser humano ame a Dios, pero como en el caso del amor de Dios por el ser humano, la barrera de la trascendencia divina demuestra ser demasiado imponente para que los musulmanes expresen un afecto sincero y una intimidad con Dios. En lugar de esto, el amor de Dios se presenta como veneración, adoración de lejos, combinada con gratitud por la bondad de un soberano hacia los predestinados al paraíso.

La voluntad de Alá y el fatalismo

En el Corán se evidencia el poder trascendente de Alá de forma más amplia en sus decretos de predestinación, que determinan el curso de todo lo que sucede en la creación, desde el principio hasta el fin. Todo se ha ordenado por la voluntad de Dios, y nada puede alterar ni resistir estas determinaciones. «Alá hace lo que quiere» (14:27); «De Alá es el dominio de los cielos, de la tierra y de lo que entre ellos está. Crea lo que Él quiere. Alá es omnipotente» (5:17); «Todo lo hemos creado con medida [*qadar*, "decreto preordenado"]» (54:49).

Este punto de vista lleva a la actitud fatalista que tanto prevalece en las tierras musulmanas, donde la resignación ante los caprichos de la vida y de la muerte conduce con tanta frecuencia a la pasividad ante la tragedia. La respuesta común frente a una calamidad personal suele ser encogerse de hombros y repetir la frase: «¿Qué se puede hacer?». Hasta el momento de la muerte de la persona ya está decretado y no es posible cambiarlo, así que, ¿para qué luchar? El Corán afirma: «Nadie puede morir sino con permiso de Alá y según el plazo fijado» (3:145). De igual manera, la sumisión del corazón a Dios depende de un decreto eterno del mismo Dios; aunque Él envía mensajeros para que hablen en el idioma de su cultura nativa, a fin de que el mensaje sea claro, así y todo la capacidad del que escucha para responder a ese mensaje depende de la voluntad inescrutable de Dios: «Alá extravía a quien Él quiere y dirige a quien Él quiere» (14:4).

En ningún lugar del Corán hay indicio alguno de que Dios actúe por amor o por interés personal hacia los que elige, porque también esto parecería ser una debilidad divina. Hay un asombroso dicho en la literatura del Hadit que resume esta perspectiva:

> Cuando Dios decidió crear al género humano, tomó en sus manos una masa de la tierra, la misma de la cual se formó toda la humanidad, y en la cual en cierta manera preexistía, y habiendo dividido el terrón en dos partes iguales, tiró una de ellas al infierno, diciendo: «Estos al fuego eterno, y no me importa», y lanzó la otra mitad hacia el cielo, añadiendo: «Y estos al Paraíso, y no me importa» (Kisasul-Anbiya 21; véanse también Abu-Dawood 2203; Al-Timidhi 38; mishkat al-Misabih 3.112-113).

Puesto que el todopoderoso Alá no necesita nada fuera de sí mismo, no ama a nada que esté fuera de sí mismo. La trascendencia total prohíbe la cercanía de una relación. Alá se encuentra por encima y más allá de todo, disponiendo y decretando todo lo que sucede, de acuerdo a su voluntad inescrutable, y tal vez caprichosa.

Esto se encuentra muy lejos del Dios que describe la Biblia. Dios, ciertamente soberano que predestina a la salvación a sus elegidos, ejerce su voluntad movido por un corazón amoroso. Se revela a sí mismo como el Amador de los suyos, que los busca para el bien de ellos, a pesar de sus continuas infidelidades. Es su Buen Pastor, que da la vida por las ovejas de su pasto. Es su Padre, que corre a abrazar a su hijo pródigo. Es su Salvador, que entrega su vida en rescate por muchos. Lo que el islam desacredita como vergüenza, el evangelio lo proclama como gloria.

El sacrificio de Dios, que movido por el más profundo amor predestina a su Hijo a la cruz para reconciliar a sí mismo a sus hijos, no constituye señal alguna de debilidad. Al contrario, como se regocija el apóstol Pablo, «es poder de Dios para la salvación de todos los que creen» (Romanos 1:16). El amor divino se expresa de la manera más poderosa a través de su inmensa disposición a entregarse a los demás, incluso hasta el punto de tomar la naturaleza humana a fin de morir por los humanos pecadores.

¿Poder o amor?

Aquí descubrimos otra disputa teológica clave entre el islam y el cristianismo. Mientras que para los musulmanes la moneda primordial de la economía divina es su poder soberano, para los cristianos es el amor sacrificial. El islam ordena: «Inclínense ante él»; el cristianismo invita: «Corran hacia sus brazos abiertos». A la larga, estos dispares puntos de vista son el resultado de la cuestión clave de la naturaleza de Dios: Mientras que el islam proclama a Dios como una unidad simple y monista y por eso no quiere hablar de Él como amor, el cristianismo afirma que Dios se ha revelado a sí mismo como una Trinidad (tres personas eternamente existentes e iguales que comprenden una sola esencia), cuyo corazón es amor.

La Trinidad no es tres dioses, sino un solo Dios, que existe como una comunidad eterna y cuya naturaleza es el amor inagotable. Es un solo ser con una unidad compleja, que presenta una unidad rica en su diversidad de relaciones. Por eso el apóstol Juan puede decir en 1 Juan 4:16: «Dios es amor», porque aun antes que hubiera creación alguna, cuando Dios existía en la soledad, así y todo existía en una relación. Desde la eternidad, el amor ha caracterizado las relaciones existentes entre los miembros de la Trinidad. Dios Padre, Dios Hijo y Dios Espíritu Santo definen la esencia del amor en su apasionada unidad.

Puesto que Dios es amor por naturaleza, cuando le dio existencia a la creación, lo hizo movido por la plenitud de su amor, con la meta de compartir el desbordamiento del gozo que tenía en sí mismo, al amar al orden creado y dirigirlo para que hallara su plenitud también en su amor. En especial, fijó este amor suyo en la niña de sus ojos, los que creó a su propia imagen (esto es, los que eran capaces de comprometerse en un pacto de amor). Aun cuando como género nos rebelamos contra este amor divino y nos apartamos de Dios, Él ha mostrado todo el alcance de su amor al abandonar su trono soberano en la persona del Hijo, despojándose a sí mismo de la gloria divina al nacer en este mundo como un ser humano, viviendo en nuestro medio para hacer a Dios inmanente y accesible, y luego rindiendo por voluntad propia su vida en una brutal ejecución con el fin de satisfacer la justicia de Dios contra los pecadores.

De esta manera amó Dios tanto al mundo, dice Juan, que envió a su único Hijo a morir para que todos los que le sean leales puedan vivir (Juan 3:16). O dicho con palabras de Pablo: «Dios demuestra su amor por nosotros en esto: en que cuando todavía éramos pecadores, Cristo murió por nosotros» (Romanos 5:8).

La voluntad determinativa de Dios

Como ya vimos, el islam rechaza la encarnación y la expiación de Jesús, puesto que el Corán evade la idea de Dios como Trinidad, y de forma concreta la de Jesús como Dios Hijo. Dios sigue siendo incognoscible en esencia e inaccesible en lo personal. Su voluntad determinante se mantiene en el centro de la vida musulmana, y la esperanza siempre escurridiza del creyente es la de poderse ganar con la suficiente obediencia el favor eterno de Dios.

El cristiano también toma en serio la voluntad determinativa de Dios; tal vez más que el musulmán. La Biblia proclama que la ley de Dios exige de los seres humanos caídos una justicia total, lo cual constituye un nivel imposible de alcanzar para los mortales pecadores (Romanos 3:23). La inexorable santidad de Dios exige nuestra obediencia sin pecado o nuestro castigo. Puesto que la primera no se halla a nuestro alcance, nuestro destino es la segunda. A los cristianos, las exigencias morales de la ley de Dios nos llevarían a la desesperación, si estuviéramos abandonados a nuestros propios recursos y a las declaraciones de los profetas. La ley nos puede decir cómo nos debemos comportar, pero no nos puede rescatar ni nos puede dar poder. Los profetas están bien hasta donde llegan, pero al final están junto a nosotros de este lado del abismo de pecado que se abre entre nosotros y Dios, y señalan por encima de la condenación hacia la ley como la solución a nuestra desesperación.

Esta solución se materializa en la forma de Aquel que vino del lado divino del abismo, construyendo un puente sobre él a través de su propio sacrificio justo, y llevándonos de vuelta consigo al acogedor abrazo de su Padre que, como consecuencia, se convirtió también en nuestro Padre. Los profetas, por maravillosos que hayan sido, palidecen hasta la insignificancia al ponerlos junto al incomparable Hijo de Dios, quien no solo proclama la justa voluntad de Dios, sino que cumple con lo que les exige a los pecadores indefensos, al llevar en su cuerpo nuestro castigo. Con esta acción, recibida por nosotros en fe, somos justificados ante los ojos de Dios.

Jesucristo es el amor de Dios encarnado. Es nuestra ventana al misericordioso corazón de Dios. Es nuestro umbral al gozoso abrazo divino. Es la revelación definitiva de Dios al mundo, porque es Dios mismo revestido de nuestra naturaleza con el fin de hacerse accesible por completo a nosotros. Nadie antes ni después de Cristo ha revelado a Dios ante el mundo de una manera tan plena, ni siquiera Mahoma, porque nadie más lleva su naturaleza ni su misión. Por eso, el autor de Hebreos abre su carta con estas palabras:

> Dios, que muchas veces y de varias maneras habló a nuestros antepasados en otras épocas por medio de los profetas, en estos días finales nos ha hablado por medio de su Hijo. A este lo designó heredero de todo, y por medio de él hizo el universo. El Hijo es el resplandor de la gloria de Dios, la fiel imagen de lo que él es, y el que sostiene todas las cosas con su palabra poderosa. (Hebreos 1:1-3a)

¿Ignoran las verdades más profundas?

Es por eso, en última instancia, que el evangelio demuestra que el concepto musulmán sobre Dios es defectuoso. No está del todo errado, pero ignoran algunas de las verdades más profundas acerca de la naturaleza y la obra de Dios y, por tanto, no es capaz de conducir a los musulmanes a la presencia del Dios de amor que rescata a los pecadores por medio de Cristo.

LA BIBLIA	EL CORÁN
Podemos conocer a Dios por medio de Cristo.	No es posible conocer la esencia de Dios.
Dios se revela a sí mismo.	Dios revela su voluntad con respecto a los seres humanos.
Dios invita a una relación que transforma la vida.	Dios exige una fiel obediencia a sus mandatos.
Dios es uno y trino.	Dios es una personalidad solitaria.
La Biblia insiste en el amor sacrificial.	El Corán insiste en el poder soberano.

Por todas estas razones, y a partir de dos pasajes bíblicos, creo que los musulmanes caen dentro de la categoría de los que adoran al Dios verdadero en ignorancia, en lugar de los que buscan a un dios falso. (1) En Juan 4:1-26, Jesús inicia una conversación con una mujer de Samaria. La historia afirma que no había simpatía de ninguna clase entre los judíos y los samaritanos. Los judíos consideraban a los samaritanos como mestizos, porque en los siglos pasados habían mezclado la sangre judía con sangre gentil a través de matrimonios. Además, solo aceptaban como inspirados los libros de la Torá, los cinco primeros de las Escrituras, rechazando los libros históricos y proféticos del pueblo escogido. Para empeorar las cosas, edificaron su propio templo en competencia con el templo judío de Jerusalén.

A los judíos les habría sido fácil considerar a los samaritanos como seguidores de un dios falso. Durante la conversación de Jesús con la samaritana, esta le pregunta si eran los judíos o los samaritanos los que adoraban en el templo debido. Esta habría sido una oportunidad perfecta para que Jesús afirmara con claridad que los samaritanos seguían a un dios falso, pero se negó a hacerlo. Sí declaró que a los judíos se les dio una revelación divina mayor y que adoraban a Dios con un conocimiento mayor, pero los samaritanos adoraban al mismo Dios en ignorancia: «Ustedes adoran lo que no conocen; nosotros adoramos lo que conocemos, porque la salvación proviene de los judíos» (Juan 4:22).

(2) Más elocuente aun es lo que dice Pablo acerca de sus hermanos judíos que han oído el evangelio y lo han rechazado. Se trata de personas que han rechazado a Cristo como Hijo de Dios y como Mesías suyo, y que ven la obediencia a la ley como su medio de adquirir justicia ante Dios. Su concepto sobre la naturaleza divina está muy de acuerdo con el que tienen los musulmanes de

hoy. Al contemplar su situación, Pablo no los acusa de volverse a un dios falso, sino de buscar en ignorancia al Dios verdadero. Esto es lo que escribe en Romanos 10:1-3:

> Hermanos, el deseo de mi corazón, y mi oración a Dios por los israelitas, es que lleguen a ser salvos. Puedo declarar en favor de ellos que muestran celo por Dios, pero su celo no se basa en el conocimiento. No conociendo la justicia que proviene de Dios, y procurando establecer la suya propia, no se sometieron a la justicia de Dios.

Si Pablo puede decir esto acerca de los judíos monoteístas, no trinitarios y que rechazaban a Cristo en su época, no parece que sea ir demasiado lejos alegar que debemos ser capaces de decir lo mismo hoy acerca de los musulmanes.

¿Enfrentamiento o testificar en amor?

Tal enfoque hacia los musulmanes alejaría a los cristianos de una agenda de enfrentamiento, a una de testificación positiva en el contexto del amor, ayudando a los musulmanes a descubrir que no se tienen que contentar solo con tener conocimientos *acerca* de Dios, sino que lo pueden *conocer* de manera personal en Jesucristo y por medio de Él. Pueden descubrir por sí mismos la realización de ese anhelo que es el más profundo de todo ser humano: saber que son amados y valorados por Dios, y que Él los invita a disfrutar de su afecto paternal.

Hace años, una aristócrata musulmana paquistaní llamada Bilqis Sheikh hizo este descubrimiento por sí misma, y recogió su experiencia en un libro con el revelador título de *Me atreví a llamarle Padre*[1]. Durante su búsqueda de la realidad de Dios en su vida, acudió a la esposa de un misionero para que la ayudara a interpretar un sueño que tuvo. En el transcurso de su conversación, le preguntó a esta dama: «Sra. Mitchell, ¿conoce algo acerca de Dios?».

La estadounidense le contestó: «Me temo que no conozco demasiadas cosas acerca de Dios, pero sí lo conozco a Él».

Bilqis Sheikh escribe su propia reacción: «¡Qué afirmación tan extraordinaria! ¿Cómo era posible que una persona presumiera de conocer a Dios?». Poco después, dentro de su conversación, se atrevió a ir más allá: «"Sra. Mitchell", le dije con el corazón en un puño, "olvídese de que yo soy musulmana. Solo dígame: ¿Qué quiso expresar cuando me dijo que conocía a Dios?". "Conozco a Jesús", dijo la Sra. Mitchell, y sé que pensaba estar respondiendo a mi pregunta»[2].

Por supuesto, Jesús es la clave del conocimiento de Dios, tanto para los musulmanes como para todos los demás seres humanos. Alejados de Él, los musulmanes seguirán practicando su fe en ignorancia de las grandes verdades salvadoras del evangelio. La Iglesia debe despertar a su responsabilidad y a su privilegio de ser portadora de las buenas nuevas. Así como los cristianos del siglo primero proclamaron con pasión el evangelio entre los judíos y también entre los gentiles, los cristianos del siglo XXI tenemos el llamado a proclamar con pasión y fidelidad esas mismas buenas nuevas ante la casa del islam, a fin de que nuestros amigos musulmanes ya no tengan que seguir adorando en ignorancia, sino que descubran el don divino de la salvación y el amor que se halla a su disposición en Jesucristo.

CAPÍTULO

7

MANANTIALES EN EL DESIERTO: FUENTES JUDÍAS Y CRISTIANAS EN EL CORÁN

Los grandes ríos están formados por la confluencia de muchas fuentes de agua: lagos, manantiales, torrentes y afluentes. Por ejemplo, el gran río Misisipí recoge agua del oeste desde la Divisoria Continental, cerca de las montañas Rocallosas, y del este desde los estados cercanos a la costa del Atlántico. Se beneficia por la contribución de muchas fuentes de agua poderosas. De igual forma, el río Jordán en la Tierra Santa se forma en las alturas de Golán, en la confluencia de tres cabeceras principales (una de ellas, el río Banyas, es donde mi padre jugaba de niño en los años treinta).

En este sentido, los libros son como ríos poderosos. Lo que fluye entre las orillas que forman las cubiertas del libro comprende la aportación combinada de numerosas corrientes de información que se han mezclado en la mente del autor. En parte, el arte de la crítica literaria consiste en el estudio de la palabra escrita con el propósito de llegar a comprender las diversas fuentes que han contribuido al producto final, en la esperanza de que ese análisis aclare más la intención del autor o redactor de una obra escrita.

Este tipo de estudios se ha realizado durante más de dos siglos con la Biblia, y algunas veces han ayudado a comprenderla mejor. Los judíos y los cristianos reconocen que la inspiración del texto bíblico no se afecta de forma negativa por el estudio de las fuentes extrabíblicas que quizá han ayudado a darle forma y contenido. La inspiración del Espíritu Santo no se produce mediante un simple dictado de palabras dirigido a unos escribas, sino a través de la compleja coreografía formada por sucesos, personalidades, actos de Dios y reacciones humanas que reviste la verdad celestial con las vestiduras reconocibles de las realidades terrenales.

Los musulmanes, en cambio, tienen un punto de vista diferente con respecto a la inspiración divina y, como ya vimos, sostienen una teoría de la revelación que equivale a un dictado. Esto significa, entre otras cosas, que los musulmanes rechazan de manera dogmática la idea de que Mahoma tomó algo de fuentes humanas al crear el Corán. Son inflexibles, incluso agresivos, cuando afirman que el Corán vino directo del cielo por la mediación del ángel Gabriel, y que sus pensamientos y palabras son de manera total y única los pensamientos y palabras de Alá. Sugerir algo que sea menos que esto, es ser culpable de rebajar el Corán, crimen de blasfemia que se castiga con la muerte en ciertas sociedades musulmanas (ya sea que cumpla la sentencia el gobierno, o que la cumplan los fanáticos).

¿Cuál es la meta de este capítulo?

Por consiguiente, la meta de este capítulo es algo que a los musulmanes les va a resultar muy difícil de aceptar. Aun así, los que no se hallan limitados por las estrecheces religiosas del islam tienen la libertad de utilizar los recursos de la historia y de la razón en la búsqueda de una mejor comprensión de la forma en que, al menos en parte, el contenido del Corán llegó a ser lo que es hoy. Nuestro propósito aquí *no es* ofender a los musulmanes, sino poner a prueba las afirmaciones del islam en cuanto al origen divino y la naturaleza perfecta de su texto central.

Hay una realidad muy reconocida por los expertos occidentales con respecto al Oriente Medio antiguo, y es el hecho de que el Corán contiene muchas tradiciones e historias que existían ya en el mundo de la Arabia beduina preislámica, además de partes significativas del material que se tomaron del Antiguo Testamento, del folclore judío y de los textos cristianos apócrifos. Entre estas influencias preislámicas sobre el Corán se hallan las siguientes:

- unas órdenes que encierran los rituales de la peregrinación anual a La Meca, y que contienen incluso sus prácticas paganas originales que Mahoma reinterpreta en parte para que se ajusten a sus nuevas enseñanzas.

- la aceptación de la existencia real de los *jinn* (genios), esos espíritus traviesos temidos y honrados por los árabes supersticiosos.

- el enfoque en un calendario lunar, surgido del poderoso culto a un dios de la luna, que prevalecía entre los habitantes del occidente de la península.

De cualquier modo, en este capítulo nos centraremos en las fuentes judías y cristianas que ayudaron a darles forma a los pensamientos de Mahoma y a sus recitaciones coránicas. Con todo, antes de emprender esta tarea, vale la pena insistir de nuevo en que Mahoma no solo era un hijo de su ambiente cultural y religioso. Parte de su genio se demuestra en la forma en que tomó diversas tradiciones y las moldeó con habilidad para sus propósitos y cómo, con profundas convicciones, utilizó ciertas tradiciones extranjeras para poner fuera de la ley o vencer una variedad de prácticas tribales viles de su época, tales como el infanticidio de niñas o el trato de las mujeres como simples enseres.

Paralelos entre los profetas bíblicos y los islámicos

Todos los estudiantes del islam reconocen que Mahoma tuvo acceso a judíos y a cristianos, con los cuales pudo interactuar con regularidad, hacerles preguntas, escuchar relatos de sus historias sagradas y recibir las semillas de unas nuevas ideas que incorporar a su naciente forma árabe de monoteísmo. Su creencia de que se hallaba al final de una larga línea de profetas que comenzaba con el propio Adán, llevando el mismo mensaje esencial que llevaron todos ellos, significaba que se tuvo que ver a sí mismo en concierto con los profetas mencionados en los escritos bíblicos, así como algunos que solo se mencionan en las tradiciones árabes locales.

El Corán cita los nombres de veintiocho profetas, veinticinco de los cuales reconoce en la mayoría de los relatos como personajes bíblicos, aunque en la Biblia no se les llama profetas a todos. Algunas de las formas en que Mahoma describe estos videntes indica con claridad que él no tuvo acceso directo a la Biblia misma, pero que a pesar de esto sintió que era crítico estar en sintonía con todos ellos. En el proceso, dio por sentado que habían proclamado en sus días el mismo mensaje que proclamaba él ahora ante sus oyentes, y que los obstáculos a los que se tuvo que enfrentar eran de la misma clase que la hostilidad que ellos encontraron en su llamado.

Aunque Mahoma demuestra tener algún conocimiento (que suele ser imperfecto) de diversos personajes bíblicos, guarda silencio y es de suponer que ignore vastas secciones de la Biblia y de la historia bíblica. Nada dice de los profetas mayores o menores desde el siglo octavo a. C. en adelante, excepto Jonás, y no se informa la mayoría de la historia de Israel del Antiguo Testamento fuera de los hechos que rodearon al éxodo. Si tuviéramos que apoyarnos en el Corán como fuente para reconstruir la Biblia, nos veríamos privados de la mayor parte de los sucesos y las enseñanzas que ella revela.

Según la tradición islámica, de los ciento veinticuatro mil profetas enviados al mundo, solo ocho recibieron «libros» o «panfletos» para dárselos a su pueblo. Estos libros son en total ciento veinticuatro, diez de los cuales se les encomendaron a Adán, cincuenta a Set, treinta a Enoc (conocido como *Idris* en el Corán), diez a Abraham, uno a Moisés (el *Tawrat* [la Torá]), uno a Jesús (el *Injil* [el Evangelio = el Nuevo Testamento]) y uno a Mahoma (el Corán). Es lamentable que los cien primeros se perdieran para la humanidad, y a los otros dos que no son el Corán, y que han permanecido, se les han manchado con falsedades, por lo que en estos momentos solo se puede confiar en el Corán. Para los musulmanes, la pérdida de la revelación anterior carece de importancia, porque la esencia de esos escritos inspirados se reprodujo de una manera total y pura en el libro revelado por medio del profeta árabe.

De los profetas mencionados en el Corán, pocos reciben una atención amplia. Cualquiera que fuera su momento y lugar en la historia, se les presenta predicando el mismo mensaje de Mahoma, con una fraseología que con frecuencia es idéntica a la que usa él en otras partes del Corán. Por supuesto, esto tiene sentido para los musulmanes, porque estos profetas no proclamaban sus propias palabras, sino las palabras inmutables de Alá. En cambio, al que no está convencido, esto le da la impresión de que todo lo que hace Mahoma es explotar el nombre y la reputación de unos profetas reconocidos, al poner sus palabras en la boca de estos profetas, con el fin de elevar su propia posición y la de su mensaje. En general, demuestra tener poco conocimiento de importancia en cuanto a la vida y los tiempos reales de la mayor parte de estos profetas.

Los profetas extrabíblicos del Corán

Los tres profetas extrabíblicos mencionados en el Corán son Luqmán, Dulkifl y Dhulqarnain. (1) Al primero también se le conoce como Luqmán el Filósofo, y solo aparece en el Corán en el sura 31, que lleva su nombre por título. En el versículo 12, Alá le ordena a Luqmán: «¡Sé agradecido con Alá!», después que le fuera otorgado el don de la sabiduría. En los versículos 13-19, Luqmán le aconseja a su hijo: «¡Hijito! ¡No asocies a Alá otros dioses, que la asociación es una impiedad enorme!». Después advierte a su hijo con respecto a la naturaleza omnisciente de Alá, de la cual no es posible esconder obra alguna, acerca de la necesidad de realizar de forma estricta las oraciones rituales, acerca de la creencia en un solo Dios verdadero y la oposición al politeísmo, y acerca de los peligros que encierra la arrogancia.

(2) Dulkifl recibe una breve atención en el sura 21:85-86, en medio de una larga lista de profetas, donde se le relaciona con Ismael (*Ismail*) y con Enoc (*Idris*), como parte de las filas de los que tienen paciencia y los que reciben la misericordia de Dios a causa de su justicia. Algunos comentaristas identifican este profeta con Abdías o con Isaías, pero no hay evidencia alguna que apoye esta afirmación. El Corán no proporciona ningún dato más con respecto a Dulkifl.

(3) De manera parecida, el nombre de Dhulqarnain [Bicorne] solo aparece una vez, en el sura 18:83-98, tal parece que en respuesta a preguntas de los seguidores de Mahoma sobre este misterioso personaje. En esta sección, Alá afirma que estableció a este hombre con un poder tal, que su reinado se extendía de uno a otro horizonte. Un día, Dhulqarnain se fue de viaje, y no paró hasta hallar el lugar en el que se pone el sol, que según el Corán era «una fuente pecinosa»[1]. Cerca de él descubrió una raza de

seres humanos. Alá le dijo al profeta: «Puedes castigarles o hacerles bien». En otras palabras, puso en sus manos su destino. Dhulqarnain decidió que se castigarían a los que siguieran siendo politeístas, pero a los monoteístas que vivieran de manera justa los recibirían en el Paraíso y él los instruiría.

Entonces, Dhulqarnain toma dirección este, hasta hallar el lugar en el que se levanta el sol, y encuentra gente que no tiene manera de protegerse de su intensidad. Camina más en una nueva dirección, hasta descubrir dos montes con un valle en el medio, donde habita un pueblo indefenso (o ignorante). Este pueblo clama a él pidiéndole ayuda: «¡Bicorne [Dhulqarnain]! Gog [Yajuj] y Magog [Majuj] corrompen en la tierra. ¿Podríamos retribuirte a cambio de que colocaras un dique entre nosotros y ellos?» (18:94). El profeta rechaza el pago que le ofrecen, pero les ordena que traigan bloques de hierro y los derritan a fin de rellenar el paso entre ambas montañas que lleva al valle. Entonces hace que echen cobre derretido sobre la barrera de hierro, que de esta forma se vuelve impenetrable para Gog y Magog. Dhulqarnain profetiza que el muro permanecerá hasta que «venga la promesa de mi Señor», en cuyo momento será derrumbado, y Gog y Magog aparecerán detrás de él para enfrentarse al juicio final junto con las demás criaturas ante Alá.

Nadie tiene seguridad sobre cuál es el personaje histórico que se supone que represente Dhulqarnain, pero en árabe su nombre significa literalmente «señor de los dos cuernos», y muchos musulmanes, además de diversos eruditos occidentales, proponen la hipótesis de que Mahoma se refería a Alejandro Magno, creyendo que el título de «dos cuernos» indica de forma poética la extensión de su reino, que abarcaba todo el mundo conocido, desde el occidente hasta el oriente. Además, algunas tradiciones musulmanas le dan a Dhulqarnain el nombre adicional de Sakandar (derivación arábica del nombre griego de Alejandro) y lo identifican como rey de Grecia y de Persia. No obstante, este temprano enlace resulta embarazoso para la erudición musulmana posterior, porque Alejandro era un pagano politeísta, y no correspondería canonizar a un rey pagano como verdadero profeta de Alá. Es lamentable que no exista ninguna teoría alterna que cuente con el apoyo de la tradición islámica.

Los profetas bíblicos mencionados en el Corán

Pasando ahora a los personajes bíblicos mencionados en el Corán, descubrimos que en su mayoría también reciben una atención limitada por parte de Mahoma.

Adán y su esposa sin nombre

Las historias relacionadas con Alá se encuentran en dos suras (2:28-37; 7:10-17). En el sura 2, Alá les habla a los ángeles de que tiene la intención de crear a Adán y hacerlo gobernador de la tierra en su nombre. Los ángeles ponen en tela de juicio la sabiduría de Dios en esto, alegando que realizarían una labor mejor al glorificar a Dios en una tarea así, que un hombre corruptible. Sin embargo, Alá les contesta: «Yo sé lo que vosotros no sabéis». Entonces crea a Adán, le enseña los nombres de todas las cosas vivientes, luego les muestra a sus ángeles todas las cosas vivientes y les ordena *a ellos* que le den nombre a todo lo que ven. Ellos confiesan su incapacidad, después de lo cual Alá le ordena a Adán que recite todos los nombres. Cuando Adán termina esta tarea, Alá reprende a los ángeles por haber dudado de su sabiduría en cuanto a nombrar a Adán como su representante en la tierra. Les ordena que se inclinen ante Adán, lo cual hacen todos, menos *Iblis* (Satanás), en su arrogancia.

Entonces Dios pone a Adán y a su esposa (cuyo nombre no se da en el Corán) en el Paraíso y les indica que coman con placer y deleite todo lo que se les antoje, con la excepción de un árbol (cuyas propiedades no se describen nunca en el texto): «¡Pero no os acerquéis a este árbol! Si no, seréis de los impíos» (2:35). No obstante, Satanás los hace caer (esto es, Adán y su esposa desobedecen a Dios, aunque no se nos dice de forma concreta cómo lo hacen), y como castigo, Dios los hace «descender» (¿a la tierra?), condenados a una ruptura de relaciones y a vivir por un tiempo limitado. Entonces, al parecer, Alá le enseña a Adán una oración de arrepentimiento, y después que este la recita, recibe el perdón divino. La historia concluye con unas palabras que dice Alá y que son un conveniente eco del mensaje del propio Mahoma: Todo el que siga la dirección de Alá será bendecido; todo el que no crea será destinado al fuego eterno.

Está claro que los relatos bíblicos sobre la creación contenidos en Génesis 1 al 3 y las tradiciones judías posteriores son la fuente primaria de material para la enseñanza coránica acerca de Adán. La idea de la rebelión de Satanás contra la honra otorgada a Adán es una enseñanza corriente en los comentarios judíos antiguos, aunque no aparezca en el texto bíblico. Las ideas de un jardín paradisíaco, de la libertad de disfrutar de él con la excepción de un solo árbol, y de la tentación y el juicio se encuentran, por supuesto, en Génesis 2 y 3, con muchos más detalles que complementan los vacíos o saltos que aparecen en el material coránico.

Con todo, también existen unas diferencias significativas. En el relato bíblico, Dios no le enseña a Adán los nombres de los animales, sino que el mismo Adán los «descubre». Esto resulta importante porque para la mente hebrea ponerle nombre a algo equivalía a percibir su verdadera naturaleza. Cuando Adán acaba la tarea de poner nombres, se da cuenta de que mientras todos los animales tienen compañera, no hay animal alguno en la creación que posea su naturaleza y que le pueda servir de compañía. Experimenta la soledad, y Dios interviene para crear a Eva como compañera suya en plan de igualdad. Cuando Adán ve a Eva, exclama lleno de gozo: «*Esta sí* es hueso de mis huesos y carne de mi carne» (Génesis 2:23, cursivas añadidas). En el relato coránico, por el contrario, el propósito de ponerles nombre a los animales es el de avergonzar a los ángeles.

El relato que contiene el Corán acerca de la Caída transforma de plano a la serpiente de Génesis 3 en Satanás y yerra al definir la naturaleza crucial del árbol prohibido. También omite el proceso de la tentación de Eva y después de Adán, así como la historia posterior en la que Dios entra al huerto en busca de Adán, enfrentándolos a su desobediencia y luego pronunciando juicio sobre la serpiente, Eva y Adán. En lugar de esto, se nos da una breve sinopsis de todo este relato, el cual queda poco definido e insatisfactorio sin los detalles bíblicos.

Caín y Abel

En el Corán se presenta a Caín y Abel (Qabil y Habil) como los primeros hijos de Adán y de su esposa. El sura 5:27-31 relata la historia de los sacrificios que le ofrecieron a Dios. Cuando se rechaza a Caín, este le dice a su hermano: «¡He de matarte!». Abel le contesta: «Alá solo acepta de los que Le temen», y asegura que si Caín lo busca para matarlo, él nunca trataría de matar a Caín, pues le teme a Dios. Es más, Abel casi se convierte en socio voluntario de su propio asesinato, ¡con el fin de que quede sellado el destino de Caín en el infierno! Caín cumple su amenaza de asesinarlo y de esta manera entra a formar parte del número de los condenados.

Es asombroso, pero cuando el cuerpo de Abel yace a la vista de todos, Alá le enseña a Caín cómo esconderlo, enviando ante él un cuervo que acaba de perder a su compañera y excava un hueco en el suelo para enterrarla. Caín se lamenta por el hecho de que él no es siquiera tan listo como aquel cuervo, en cuanto a discernir la manera de esconder el cuerpo sin vida de su hermano. Este relato termina con una moraleja que parece tener una conexión muy tenue en el mejor de los casos con el material que le ha precedido: «Por esta razón, prescribimos a los Hijos de Israel que quien matara a una persona que no hubiera matado a nadie ni corrompido en la tierra, fuera como si hubiera matado a toda la Humanidad. Y que quien salvara una vida, fuera como si hubiera salvado las vidas de toda la Humanidad. Nuestros enviados vinieron a ellos con las pruebas claras, pero, a pesar de ellas, muchos cometieron excesos en la tierra» (5:32).

¿Cómo debemos comprender la conexión entre esta moraleja y la historia del asesinato de Abel? Es interesante que encontremos una historia similar a la relatada en el 2:27-31 en un Midras judío escrito centenares de años antes de Mahoma. Sin embargo, en la historia judía, el principal personaje es Adán, no Caín. Leemos en *Pirqe Rabbí Eliezer*:

> Adán y su compañera [Eva] se sentaron a llorar y lamentarse por él [Abel] y no sabían qué hacer con él, puesto que no sabían sepultar cuerpos. Entonces vino un cuervo, cuya compañera había muerto, tomó su cuerpo, arañó la tierra y lo escondió ante sus ojos, y Adán dijo: «Voy a hacer lo que hizo este cuervo», y enseguida tomó el cadáver de Abel, cavó en la tierra y lo escondió.

En cuanto a la enigmática moraleja del relato coránico, hay otro pasaje tomado de la literatura judía que aclara su conexión con el asesinato de Abel. En la Mishná Sanedrín 4:5 se declara:

Porque así lo hemos hallado en Caín, que mató a su hermano, porque está escrito: «Las sangres de tu hermano claman». No dice: «La sangre de tu hermano», sino «Las sangres de tu hermano»: su sangre y la sangre de su posteridad [...] Por consiguiente, solo un hombre fue creado en el mundo para enseñar que si algún hombre ha sido causa de que perezca una sola alma, las Escrituras se lo atribuyen como si hubiera causado que pereciera un mundo entero; y si algún hombre salva la vida de una sola alma, las Escrituras se lo atribuyen como si hubiera salvado la vida de un mundo entero.

En otras palabras, la moraleja final que aparece en el relato coránico del asesinato de Abel se deriva en última instancia de una inteligente interpretación rabínica sobre el texto bíblico paralelo de Génesis 4:10, donde se encuentra escrita en plural la palabra hebrea que traducimos como «sangre». Al parecer, el Corán combina el texto de la historia bíblica de Caín y Abel con la mitología judía y con las enseñanzas rabínicas, a fin de producir, como si hubiera salido de la boca de Alá, el relato islámico sobre Qabil y Habil.

Noé y el diluvio

Las historias relacionadas con el profeta Noé (Nuh) aparecen en numerosos suras (7:59-64; 10:71-73; 11:25-48; 23:23-29; 26:105-120; 29:14-15; 71:21-28). Según el 29:14-15, Noé vivió durante novecientos cincuenta años en medio de su pueblo como profeta. El sura 71 presenta una queja que Noé le dirige a Alá con respecto a todos los incrédulos que se han burlado de su mensaje, seguida por la súplica de que los destruya a todos con el fin de impedir que descarríen a los justos en el futuro. El sura 11 contiene un relato más detallado del ministerio de Noé, que se complementa con algunos pasajes breves y repetitivos de otros suras (7, 10, 23, 26, 29).

Alá envió a Noé para que dijera (utilizando con exactitud la misma fraseología que usa Mahoma en medio de su propia gente): «Soy para vosotros un monitor que habla claro» [71:2]. Su mensaje para el pueblo es que no debe adorar a nadie más que a Alá. No obstante, la gran mayoría rechaza a Noé y se burla de sus advertencias. Alá consuela a Noé y le ordena que construya el arca, confirmando que sus enemigos van a permanecer en su incredulidad y morirán ahogados como castigo. Cuando llega el diluvio, Noé reúne dos de cada especie, macho y hembra, según lo ordenado por Alá. También recoge a su familia y a los pocos creyentes que se han reunido alrededor de su mensaje.

No obstante, uno de los hijos de Noé se niega a creer y a abordar el arca, decidiendo en lugar de esto buscar refugio en una montaña. Cuando las olas cada vez mayores se interponen entre Noé y su hijo, este se ahoga a causa de su incredulidad. Después de un tiempo indeterminado, las aguas se retiran por decreto de Alá y el arca termina descansando en una montaña llamada Chudi. Entonces Noé le suplica a Alá que tenga misericordia de su hijo muerto, diciéndole: «¡Señor! Mi hijo es de mi familia». Entonces Alá le contesta: «¡Noé! ¡Él no es de tu familia! ¡Es un acto incorrecto! ¡No me pidas algo de lo que no tienes conocimiento!» (11:46).

Vemos muchos paralelos entre el relato del Corán acerca de Noé y el del Nuevo Testamento. Repito, sin embargo, que la versión coránica es a menudo imprecisa en cuanto a los detalles. Además, existen diferencias importantes. Mientras que el Corán informa palabra por palabra sobre las burlonas conversaciones entre los enemigos de Noé y él, el Génesis guarda silencio con respeto a *todo* tipo de interacción entre Noé y sus contemporáneos[2]. De la misma manera, la maldición de los incrédulos por Noé ante Alá que aparece en el Corán se halla ausente en el Génesis; Mahoma afirma que la esposa de Noé (!), y también uno de sus hijos, se ahogan por su incredulidad, y que un grupo de creyentes sobre los cuales no precisa nombres ni número, se hallaban entre los que se salvaron en el arca.

El Antiguo Testamento, en cambio, afirma que todos los hijos de Noé, su esposa y las esposas de sus hijos, fueron las únicas personas que se salvaron en el arca con él, mientras que se destruyó el resto de la humanidad. Es interesante que, según la tradición musulmana, se identifica al hijo incrédulo de Noé como Canaán, mientras que la Biblia identifica a Canaán como hijo de Cam y, por tanto, nieto de Noé.

Sin embargo, más importante que estas discrepancias es la intención teológica general presente en el relato bíblico que no se encuentra en el Corán. Mahoma relata la historia para demostrar que Dios envió a Noé con el fin de advertirle a su pueblo. Cuando se negaron a aceptar su mensaje, Dios creó un diluvio para destruirlos. Esto indica de forma implícita que se puede esperar un juicio parecido por parte de Alá cada vez que el pueblo rechace a sus profetas. Aun así, antes de que se comisionara a Noé, ya en el relato bíblico la maldad del género humano era evidente por completo para Dios. Noé no es ante todo una figura profética, sino un tipo del Salvador o Mesías, enviado a salvar a un remanente de la humanidad como promesa de un futuro de bendición. El relato del diluvio no termina con una advertencia a los que escuchan en el presente sobre el juicio que puede sobrevenirles si se niegan a escuchar a los profetas de Dios, sino más bien con una bondadosa promesa por parte de Él, según la cual nunca más destruirá la tierra mediante un diluvio, promesa sellada en un pacto con la creación, en el cual utiliza el símbolo del arco iris. La misericordia es la que tiene la última palabra, no el juicio.

Lot y la anciana

La forma en que el Corán trata a Lot demuestra que la precisión bíblica de Mahoma fue creciendo con el tiempo, al parecer a medida que iba conociendo mejor los escritos bíblicos gracias a sus contemporáneos judíos y cristianos. Tal como lo relata Mahoma, el rescate de Lot en Sodoma es un paralelo del relato del Génesis en la mayoría de sus aspectos. Las diferencias son notables al principio, pero mientras más se vuelve a contar la historia, más cercanos se vuelven los relatos. Por ejemplo, en sus formas más antiguas (suras 26:160-175; 37:133-136), Lot advierte a los hombres de Sodoma sobre la ira divina que les espera a causa de sus actividades homosexuales y ora para que Dios los salve a él y a su familia de este juicio. El sura 26:170-171 dice: «Y les salvamos, a él y a su familia, a todos, salvo a una vieja entre los que se rezagaron» (véase también 37:134-135, que repite las mismas palabras). No obstante, en el sura 27:54-58, donde se da una versión condensada de la misma historia, se define con claridad a la «vieja» como la esposa de Lot (27:57).

En el sura 15:51-77 aparece un relato más detallado aun acerca de la destrucción de Sodoma, desde la llegada de los visitantes angélicos de Abraham, que anuncian primero la promesa de un hijo que les nacería de manera milagrosa a él y a su estéril esposa, hasta la revelación de la intención que tiene Dios de destruir el valle de Sodoma, salvando a Lot y a su familia (menos a su esposa), y a la visita misma de estos huéspedes a la casa de Lot y el intento de asalto a estos por parte de los pobladores de Sodoma, con la ceguera de aquella muchedumbre y su destrucción final. En contraste con el testimonio bíblico de Génesis 18:16-29, los mensajeros angélicos le anuncian a Abraham de inmediato su misión de rescatar a Lot de la destrucción. Cuando llegan a Sodoma, le cuentan en privado a

Lot esta misma misión, revelándole de esta manera su verdadera identidad como ángeles.

Esto crea un curioso giro en la trama cuando la multitud se presenta para exigir que se les entregue a los «hombres» visitantes para su satisfacción sexual. Es de esperar que los ángeles se puedan cuidar ellos mismos, pero Lot procura intervenir a favor de sus huéspedes, y protegerlos ofreciendo a sus hijas para aplacar la lujuria de la enardecida muchedumbre. En el sura 15 no se nos dice qué sucede después de esta oferta, sino que la multitud «erraban en su ofuscación» [72] hasta la mañana, cuando la destrucción se abalanzó sobre ella.

Este relato se repite una vez más en el sura 11:74-85, donde se corrige la secuencia de los sucesos: Los visitantes llegan, pero no le revelan aún a Lot su verdadera naturaleza, ni sus propósitos. Llega la multitud queriendo violarlos, pero Lot trata de evitar esta abominación. Los ángeles revelan su verdadera naturaleza y le ordenan a Lot que huya con su familia. A Sodoma la destruyen al rayar el alba. Es extraño que no se mencione la ceguera de la multitud, y mucho menos lo que la Biblia informa en cuanto a que la ceguera fue obra de los ángeles, a fin de impedir que la multitud satisficiera su lujuria. Con todo, el relato del sura 11 conserva la integridad (y lógica) de la secuencia bíblica, al precio de socavar el relato del sura 15.

Abraham

La mención de Abraham en el Corán es más frecuente que de cualquier otro profeta, excepto Moisés. Al fin y al cabo, Mahoma identifica el mensaje del islam con la «religión de Abraham» (por ejemplo, 2:130; 4:125; 16:122) y afirma que Alá les ordenó al patriarca y a su hijo Ismael que construyeran el santuario sagrado de La Meca conocido como la Kaaba, y considerado como el sitio más santo del islam (véanse 2:127; 3:95-97; 22:26). El mensaje profético de Abraham, según Mahoma, era: «¡Servid solo a Alá y temedle!» (29:16); desechad todos los ídolos y someteos a vuestro único Ayudador. Mahoma levanta a Abraham ante sus oyentes como un modelo a imitar; alguien que adoró solo a Alá, rechazó con odio a los idólatras (con la excepción de su padre, para el cual pidió el perdón divino[3]) mientras no se arrepintieran (60:4). Como recompensa por una obediencia así, Alá hace de Abraham su amigo (4:125) y líder espiritual del género humano (2:124-125). Al propio Mahoma le ordena seguir los pasos del monoteísmo de Abraham.

Por cierto, según el Corán, cuando Abraham estaba dedicado a edificar la Kaaba y aprendiendo por revelación cuáles deberían ser los debidos ritos ordenados para todos los que peregrinaran a La Meca, oró por la ciudad a fin de que Alá hiciera de ella un lugar de paz y serenidad, libre de la adoración a los ídolos, y que algún día en el futuro enviara al pueblo un profeta que «recitara los versículos» e instruyera a los habitantes de La Meca en el Libro (esto es, en el Corán) y en sabiduría, guiándolos a la pureza. Esta oración profética de Abraham se les daría a conocer a los habitantes de La Meca en tiempos de Mahoma por las «revelaciones» del propio Mahoma, y no es de sorprenderse que este afirmara ser el cumplimiento de la profecía que le atribuía a Abraham para su propia conveniencia.

El Corán presenta cuatro historias de la vida de Abraham, dos de las cuales se repiten numerosas veces en distintos suras. El cuento más prominente presenta un enfrentamiento de Abraham con su padre y sus conciudadanos. En el Corán aparecen seis versiones de esta historia, la cual no tiene paralelo bíblico[4] (6:74-84; 19:41-49; 21:51-72; 26:69-89; 37:83-98; 43:26-27). La trama general presenta a Abraham discutiendo con estos incrédulos sobre la inutilidad de sus ídolos, condenando su politeísmo y exaltando las virtudes de Alá. Por último, su padre y conciudadanos deciden librarse de él lanzándolo a una intensa fogata, pero Alá hace que el fuego se vuelva fresco y seguro para Abraham y lo recompensa con la promesa de unos hijos fieles, Isaac y Jacob.

En estos seis relatos hallamos diversidad de detalles y puntos destacados. Por ejemplo, en el 6:74-84, Abraham trata de convertir a su padre (a quien se le da el nombre de Azar en este texto[5]). En el contexto de este relato se presenta el camino del propio Abraham hacia la fe monoteísta. Al mirar al cielo, pone su fe de forma consecutiva en una estrella resplandeciente, en la luna y después en el sol, solo para ver ponerse a cada uno de ellos cuando le llega su momento y, de esta manera, demostrar que son indignos de recibir su adoración. Solo el que creó esas grandes lumbreras puede ser inmutable e increado y, por consiguiente, digno de la sumisión del ser humano.

En el 21:51-72, Abraham afirma que cuando los incrédulos salgan del templo de sus ídolos, él va a tramar la destrucción de los falsos dioses. Ellos se marchan, y él se dedica a hacer añicos todos los dioses, menos el mayor de todos. Cuando los incrédulos descubren lo sucedido, como es natural, se sabe enseguida que el culpable es Abraham. Sin embargo, cuando le interrogan, él niega su participación y afirma que el culpable debe ser el ídolo mayor. «Pregúntenle», los desafía Abraham. Después de reunirse para estudiar su estrategia, los idólatras le responden a Abraham: «¡Tú sabes que nuestros ídolos no pueden hablar!». «Y entonces, ¿por qué adoran cosas tan inútiles como si fueran dioses?», es la respuesta de Abraham. Ante esa ofensa, los incrédulos (entre ellos su padre) lo atrapan en medio de una multitud que grita: «¡Quémenlo!». Encienden una ardiente hoguera y lo lanzan en ella, pero Dios protege de forma milagrosa a su profeta, haciendo que el fuego sea fresco y pacífico para Abraham, que más tarde sale ileso.

El segundo relato coránico en importancia que tiene que ver con Abraham relata su encuentro con los mensajeros de Dios que van camino de Sodoma y Gomorra para destruirlas (aunque nunca se mencionan los nombres de estas dos ciudades). Relatado en cuatro lugares (11:69-76; 15:51-60; 29:31-32; 51:24-34), este cuento sigue en su bosquejo básico el relato bíblico. Los mensajeros de Alá llegan en su viaje a la tienda de Abraham. Él les da la bienvenida y prepara un ternero asado para agasajarlos. Sin embargo, cuando ellos no comen, se alarma y se llena de desconfianza (11:70). Los mensajeros lo tranquilizan, indicándole que sus intenciones con él son benignas. En el sura 51 le dan «la buena nueva de un muchacho lleno de ciencia» (véase también 15:51ss.). Sara alcanza a escuchar esta proclamación y responde en este relato, no riéndose, sino gritando, golpeándose el rostro y diciendo: «Pero ¡si soy una vieja estéril!».

Después de esto, Abraham presiona a los mensajeros para que le digan el propósito de su viaje (51:31; véase 15:57). Ellos le revelan sus intenciones (y su identidad como ángeles): «"Se nos ha enviado a un pueblo pecador para enviar contra ellos piedras de barro cocido, marcadas junto a tu Señor para los inmoderados". Y sacamos a los creyentes que en ella había, pero solo encontramos en ella una casa de gente sometida a Alá» (esto es, Lot y su familia, menos la esposa de Lot, quien se encuentra entre «los que se rezagaran» [15:60]). Según el sura 11, Abraham suplica a favor del «pueblo de Lot» (es decir, los habitantes de Sodoma y de Gomorra), pero los ángeles le dicen: «¡Abraham! ¡Deja de defenderles! ¡Ha llegado la orden de tu Señor y recibirán un castigo ineludible!» (76). Aquí termina el debate.

El orden de los sucesos anteriores, tal como aparece en el sura 11, difiere de forma marcada del que tiene el sura 51 en un punto significativo. En el sura 51, los ángeles le revelan primero la promesa de Dios de darle un hijo, y después el propósito por el que han venido, que es destruir a Sodoma y Gomorra. En el sura 11, en cambio, se invierte este orden. En ambos casos, se recoge la reacción de Sara a sus palabras como algo que sucede entre las dos revelaciones. Mientras que en el sura 51 Sara grita de manera comprensible ante la noticia de que va a quedar embarazada (a pesar de que esto no llega a presentar la respuesta bíblica que la presenta de manera clara riéndose con incredulidad ante la noticia), en el sura 11 la risa de Sara no se relaciona a la afirmación sobre el hijo prometido, sino a la de que se destruirán las ciudades de la llanura, junto con sus habitantes.

Algunos comentaristas islámicos, perturbados ante esta conexión, alegan que la risa de Sara es una reacción de alivio, al descubrir que los mensajeros son en realidad benignos, y que por tanto no constituyen una amenaza para Abraham y para ella. Otros tratan de enlazar su risa con la revelación que le sigue, según la cual va a concebir de manera milagrosa. Sin embargo, la gramática árabe de este pasaje, así como la lógica interna en la que va fluyendo la historia, no se prestan con facilidad a este tipo de reordenación de los elementos. Con lo que nos quedamos es con una risa extraña, si no macabra, y sin conexión alguna con la razón original por la cual la Biblia habla de la risa de Sara, y que sirve como fuente y razón para el nombre de Isaac[6]. Además, nos enfrentamos con una preocupante disparidad en cuanto a las formas divergentes en que se relata esta misma historia en el Corán, libro cuyos seguidores proclaman como libre de errores de todo tipo.

La tercera historia en importancia relacionada con Abraham solo aparece en el sura 37:100-107. Este texto, muy conocido en los círculos judíos, cristianos y musulmanes, presenta de manera abreviada algo que se expresa con mucho más detalle en Génesis 22:1-19, a saber, la disposición de Abraham de sacrificar a su hijo por mandato de Dios. Hay unas interesantes diferencias entre el relato coránico y el bíblico. Tal como lo cuenta Mahoma, este suceso se produce cuando el hijo de Abraham (cuyo nombre no aparece en el sura 37)[7] tiene edad suficiente para acompañar a su padre en un viaje. Abraham le revela a su hijo un sueño en el cual sacrifica a su muchacho como ofrenda a Alá. Le pide su opinión con respecto a este sueño, y el muchacho le contesta: «¡Padre! ¡Haz lo que se te ordena! Encontrarás, si Alá quiere, que soy de los pacientes». Ambos se someten a la voluntad de Alá y se preparan para el sacrificio. Sin embargo, antes que lo puedan llevar a cabo, Alá llama a Abraham y le dice: «Has realizado el sueño». El versículo 107 afirma: «Le rescatamos mediante un espléndido sacrificio», haciendo así un paralelo con el relato de Génesis, en el cual Dios le proporciona un carnero (atrapado por los cuernos en un matorral cercano) para que sirva de rescate en lugar de Isaac.

Por supuesto, para los cristianos este rescate lleva en sí un inmenso significado tipológico, y señala al sacrificio sin par de Dios en Cristo, como el rescate pagado para liberarnos a nosotros del castigo de nuestro pecado. En el islam, la idea del rescate y el sacrificio casi no desempeña papel alguno, con la excepción de que el suceso de 37:100ss. Cada año se recuerda con el sacrificio de un animal en el día santo de *Eid al-Adha* (lit., «la fiesta de sacrificio»).

La última historia del Corán relacionada con Abraham no corresponde a ningún relato bíblico y, por cierto, parece bastante anacrónico, incluso repleto de fantasía. En una edad en la cual la idea de la vida después de la muerte era turbia en el mejor de los casos, se dice que Abraham clamó a Dios diciendo: «¡Señor, muéstrame cómo devuelves la vida a los muertos!». Alá le contestó: «¿Es que no crees?». Entonces el patriarca le dijo enseguida: «Claro que sí, pero es para tranquilidad de mi corazón». Alá le ordenó: «Entonces, coge cuatro aves y despedázalas. Luego, pon en cada montaña un pedazo de ellas y llámalas. Acudirán a ti rápidamente. Sabe que Alá es poderoso, sabio» (2:260).

En el Corán solo se menciona de pasada a los hijos principales de Abraham, por lo general en unas listas donde hay otros profetas. Ismael recibe una mención especial porque ayuda a Abraham a construir la Kaaba. El nombre de Isaac suele aparecer unido con el de Jacob, expresando de forma implícita que son descendientes de Abraham. Es de suponer que Mahoma había oído hablar con frecuencia del triunvirato de nombres de patriarcas (Abraham, Isaac y Jacob) y, sabiendo que Isaac era hijo de Abraham, tal vez diera por sentado que Jacob caía dentro de la misma categoría. Esto es solo especulación, pero les daría sentido a ciertos pasajes del Corán que de otra manera serían problemáticos.

El hecho de que Abraham desempeñe un papel importante en el Corán y en la tradición islámica puede proporcionar un maravilloso puente para la conversación entre cristianos y musulmanes. Yo he tenido muchas conversaciones fructíferas con amigos y conocidos musulmanes al tratar de conocer lo que comprenden de la descripción que hace el Corán de Abraham como el «amigo de Dios», y haciéndoles ver que la Biblia también se refiere de esta forma al patriarca (2 Crónicas 20:7; Isaías 41:8; Santiago 2:23). Mientras que el Corán afirma que esta amistad se debe a la sumisa obediencia de Abraham a los mandatos de Alá, y depende de ella, la Biblia destaca en cambio la confianza de Abraham en las promesas hechas por Dios en su gracia.

Sobre todo en Romanos 4, el apóstol Pablo indica con claridad que la justificación de Abraham ante Dios no es resultado de sus propios esfuerzos por ganarse el favor de Dios, sino del agrado de Dios ante la confianza de Abraham en las numerosas promesas que Él le había hecho. Desde esta verdad, solo hace falta dar un pequeño paso para comprender que si Jesucristo es Aquel en el cual todas las promesas de Dios encuentran su «Sí» y su «Amén» (2 Corintios 1:20), la forma en que los seres humanos pueden experimentar hoy la justificación de Dios y conocer su amistad consiste en poner toda su confianza en Cristo.

Saber lo que dice el Corán acerca de los profetas bíblicos, tanto en cuanto a sus parecidos, como en cuanto a sus diferencias, puede ser un puente eficaz para comenzar conversaciones y amistades con los musulmanes. Al hacerlo, aprenderemos a conocer con mayor profundidad lo que mueve el corazón y los actos de nuestros vecinos musulmanes, y a desarrollar unos puntos de entrada naturales para mostrarles las buenas nuevas del evangelio de Jesucristo.

Las corrientes de materiales judeocristianos que confluyen en el Corán no terminan con Abraham y sus hijos. En verdad, algunos de los relatos más detallados de Mahoma acerca de los profetas bíblicos se encuentran en las vidas de los posteriores a Abraham. A estos pasaremos en el próximo capítulo.

CAPÍTULO

8

MÁS MANANTIALES EN EL DESIERTO: PERSONAJES BÍBLICOS EN EL CORÁN

El mes pasado tuvimos sentados a la mesa de la cocina una viva discusión con dos parientes musulmanes acerca de varios personajes religiosos. Uno de esos era Jesús, sobre el cual ellos, por supuesto, insisten que solo era un profeta. Cuando les cité las palabras de Jesús que aparecen en Juan 14:6 («Yo soy el camino, la verdad y la vida [...] Nadie llega al Padre sino por mí»), uno de ellos se sintió horrorizado, y afirmó con obstinación que el profeta Jesús nunca habría dicho nada tan blasfemo. A pesar de que no llegamos a un encuentro de mentes significativo en esa conversación acerca de Jesús (para más detalles en cuanto a estos asuntos, véase el capítulo 4), encontramos mucho en lo que podríamos estar de acuerdo en cuanto a otros personajes bíblicos, José en especial.

José

Es posible que la historia de José (Yusof) sea la más detallada de todas las historias coránicas con un paralelo bíblico. Este relato, que aparece solo en el sura 12 (titulado «Yusof»), condensa los sucesos de la vida de José (que abarcan Génesis 37–50) en casi un centenar de versículos (12:4-100). El orden general de los sucesos en la vida de José sigue el relato bíblico, comenzando con su sueño de supremacía sobre sus hermanos y terminando con la reunión con su padre y su familia en Egipto, donde José se convierte en la mano derecha del faraón.

No obstante, las discrepancias entre este relato y el relato bíblico son interesantes. Cuando los hermanos de José le cuentan a su padre Jacob la historia que tramaron acerca de la muerte de José, Jacob no los cree. A José no lo venden sus hermanos a una caravana que pasa, sino que lo echan a un pozo y lo dejan por muerto. Un esclavo de una caravana que pasaba por allí, al detenerse para sacar agua, lo descubre en el pozo, después de lo cual a José lo llevan a Egipto y lo venden a un dueño de esclavos egipcio (Potifar en la Biblia, aunque en el Corán no se da su nombre). Cuando la esposa del amo trata de seducir a José y él huye ante sus intentos, ella lo toma por la camisa y se la rasga por detrás. Entonces se queja a su esposo de que José la ha atacado, pero cuando él ve la evidencia de la camisa rota de José (que es obvio que se agarró por detrás), ¡cree a José y no a su esposa!

Las vecinas comienzan a murmurar acerca de la baja moralidad de esta esposa, a causa de lo cual ella las invita a una comida y hace que José desfile ante ellas. Se quedan asombradas ante sus viriles rasgos y es de suponer que comprendan ahora por qué la esposa actuó como lo hizo. Ella a su vez les confiesa con franqueza su intento de seducirlo y declara, además: «Ahora bien, si no hace lo que yo le ordeno [acostarse con ella], ha de ser encarcelado» (12:32). Sin embargo, José se niega de nuevo a hacerlo, así que termina en prisión por negarse a cometer adulterio.

El resto de la historia (la forma en que José asciende al poder, así como su reunión con sus hermanos y con su padre) es paralelo al relato bíblico, con la excepción de una diferencia importante: En el Corán, solo se trata de una historia más acerca del favor especial que Dios le otorga a uno de sus profetas, mientras que en la Biblia ocupa un lugar de importancia dentro de la corriente de la historia de la salvación: Dios predestina de manera soberana los sucesos de la vida de José a fin de ponerlo en la posición de poder que le permitirá salvar la vida de muchos, incluyendo a su padre y a sus hermanos (Génesis 50:20), y para trasladar a Egipto a los descendientes de los patriarcas. Esto prepara la escena para la espectacular obra redentora de Dios por medio de Moisés.

Moisés

De todos los profetas bíblicos, Moisés es el modelo máximo para Mahoma. Su nombre aparece en el Corán con una frecuencia mucho mayor que cualquier otro profeta, y parece ser aquel en el cual se inspiró Mahoma para el estilo de su propio ministerio. Por ejemplo, Mahoma habla de forma sumaria sobre Moisés y Aarón como esclavos obedientes de Alá (37:114-122), reflejando así su propia pasión. Además, compara la resistencia y las dudas producidas por la incredulidad de su propia gente hacia su misión, con las de los hebreos incrédulos hacia Moisés en los tiempos del Antiguo Testamento (2:108).

En numerosas recitaciones se cuenta una y otra vez la historia de la vida de Moisés. También aquí el hilo principal del relato sigue el del Éxodo y Números en una versión muy concentrada y con algunas diferencias curiosas. El Corán añade dos misteriosos cuentos extrabíblicos acerca de Moisés que carecen de conexión alguna con el resto de su vida.

El sura 28:3-43 habla de que Alá inspira a la madre de Moisés a poner su bebé en el Nilo y de cómo se rescata a Moisés, lo llevan a la corte del faraón y lo adoptan, no solo por la hija del faraón (como en la Biblia), sino también por su esposa. Moisés crece entre la realeza de Egipto, pero después de matar a un ciudadano nativo, huye a Madián. Allí ayuda a dos hermanas a darle agua a su rebaño, ante la intimidación producida por ciertos pastores, y como recompensa, el padre de las jóvenes le ofrece en matrimonio una de ellas a Moisés, siempre que este se comprometa a servirlo durante ocho años.

Después de esos ocho años, mientras viaja con su familia, Moisés divisa un fuego sospechoso a la distancia, y se aparta del camino para investigarlo. Allí, Alá se le revela a Moisés, no diciendo «Yo soy el que soy», sino solo: «¡Soy Alá, Señor del universo!». Le indica al profeta novato que tire al suelo su vara, la cual se convierte en una serpiente, y después que introduzca la mano en su seno, y se vuelve blanca (26:10ss; véase también 22:7-14). Después de estas señales, Alá le ordena a Moisés que se presente ante el faraón para exigirle que deje ir a los judíos. Moisés se queja de que, como él mató a un egipcio, lo buscan en Egipto. Además, sugiere que Aarón es más elocuente[1]. No obstante, con Aarón como ayudante, se envía a Moisés al faraón.

En el Corán se habla con frecuencia del enfrentamiento con el rey de Egipto (7:103ss.; 10:75-93; 17:101-104; 20:49ss.; 23:45-49; 26:16ss.; 43:46-55; 79:15-25) con ligeras variaciones. Frente a los encantadores de Egipto, que el faraón convocó a fin de que compitan con Moisés, la vara del profeta convertida en serpiente devora las serpientes menores conjuradas por la magia egipcia. Como resultado, los encantadores se arrepienten de su incredulidad y confiesan la fe en Alá, suscitando una gran ira en el faraón, el cual los amenaza con cortarles la mano y el pie opuestos y después crucificarlos[2]. Ni esto los puede disuadir de la fe que acaban de encontrar.

En un intrigante aspecto del relato, el faraón le ordena a uno de sus consejeros, llamado Hamán[3], que construya una torre de ladrillos de arcilla cocida que suba hasta los cielos, de manera que el faraón, en su arrogancia, pueda ascender allí para confirmar que no existe ese Dios que proclama Moisés (28:38-39; 40:36-38). Se relaciona al faraón y a Hamán en otros dos momentos con un tercer malvado arrogante llamado Coré (Qarun). En el sura 40 leemos: «Enviamos a Moisés con Nuestros signos y con una autoridad manifiesta a Faraón, a Hamán y a Coré. Ellos dijeron: "Un mago mentiroso"». Aquí da la impresión de que Coré forma parte de la corte egipcia. Sin embargo, en un tercer pasaje que lo menciona, se nos dice que era miembro del pueblo de Israel y que Dios lo juzgó con severidad por oponerse a Moisés en el desierto. La Biblia también menciona a Coré, aunque limita su papel al de líder de una rebelión entre los hebreos después de su éxodo de Egipto (Números 16).

En el 40:23ss., el faraón proclama su intención de matar en persona a Moisés. Entonces, un miembro de la familia del faraón, que es creyente en secreto, aconseja al faraón de una manera parecida a Gamaliel a fin de que deje en paz a Moisés, porque si el Dios de Moisés es el verdadero, el faraón se va a tener que enfrentar a un ardiente juicio. El rey, sin embargo, se niega a escucharlo, y por medio de su poder y de su posición, descarría al pueblo, a pesar de las señales que realiza Moisés (según el Corán, nueve en total). Como consecuencia, los egipcios persiguen a los hebreos hasta el borde del mar, pero Moisés golpea el mar con su vara (26:63), el mar se abre y el pueblo de Dios escapa caminando entre las aguas separadas. Cuando los egipcios tratan de seguirlo, Dios hace que las aguas se desplomen sobre ellos, y se ahogan el faraón y su ejército.

Después del éxodo, Dios les ordena a los hebreos que se aventuren a entrar a la Tierra Santa, la cual Él les ha asignado (5:21). Mientras van, Dios llama a Moisés a una montaña durante cuarenta noches (2:21s.; o «treinta días, que completamos con otros diez» [7:142]). Moisés nombra a Aarón para que vigile al pueblo, pero en ausencia del profeta, y bajo la influencia de as-Samiri[4], se dedican a adorar a un ídolo con forma de becerro, que parece mugir. Mientras tanto, en la cima de la montaña, Moisés pide ver a Dios. Alá le contesta: «¡No Me verás! ¡Mira, en cambio, la montaña! Si continúa firme en su sitio, entonces Me verás». La montaña es pulverizada y Moisés queda inconsciente. Cuando vuelve en sí, se arrepiente de su audacia (7:143ss.).

Después de esto, Moisés regresa al valle y presencia la idolatría de los hebreos. Furioso, le pide cuentas a Aarón. No obstante, ya Dios ha identificado a as-Samiri como el culpable. El pueblo se trata de justificar, fingiendo que, según las indicaciones de as-Samiri, todo lo que han hecho es tirar sus joyas de oro en un fuego ardiente y de él ha salido un becerro de oro. Moisés les exige que se arrepientan, indicándoles a los que son inocentes de verdad que maten a los culpables. Alá acepta esta forma de arrepentimiento, después de la cual Moisés termina el incidente sacando del pueblo a as-Samiri.

Más tarde, algunos del pueblo exigen ver a Alá como condición para creer. En respuesta, Alá los mata con un rayo, pero entonces los restaura de inmediato a la vida, a fin de que puedan demostrarle una gratitud adecuada (2:55-56). Algunos de los judíos siguen mostrando su incredulidad al violar el día de reposo. A causa de esto, Alá los castiga convirtiéndolos en monos, como lección para las generaciones venideras (2:65-66).

Cuando el pueblo siente sed en el desierto, Dios le ordena a Moisés que golpee una roca con su vara. Esto produce doce manantiales que surgen de la roca: uno por cada una de las tribus de Israel (2:60; véase también 7:160).

Por último, Moisés y los israelitas alcanzan la orilla del Jordán, dispuestos a entrar en la tierra que Dios les ha ordenado que tomen en posesión. Sin embargo, el pueblo se resiste a causa de los rumores de que hay «en ella un pueblo de hombres fuertes». Dos hombres no identificados (Josué y Caleb en la Biblia) exhortan al pueblo a confiar en Alá y entrar en batalla, pero el pueblo le dice a Moisés que de ninguna manera va a cruzar el Jordán sin que antes se eliminen los temibles habitantes de la tierra. Le dicen a Moisés que pase él al otro lado con Dios y pelee, mientras ellos lo observan desde un lugar seguro. Por esta cobardía, Alá juzga al pueblo de Israel haciendo que deambule durante cuarenta años antes de concederle el acceso a la Tierra Prometida (5:20-26).

El Corán relata otras dos historias acerca de Moisés que no tienen paralelo bíblico y parecen desprovistas de base histórica alguna o conexión con su ministerio profético. En el sura 2:67-71, Moisés le dice al pueblo que Dios le está ordenando que sacrifique una vaca. El pueblo le pide a Dios que aclare qué tipo de vaca quiere que se sacrifique. Moisés responde: «Dice que no es una vaca vieja ni joven». El pueblo sigue indagando. «De qué color ha de ser». El profeta les dice que debe ser de color amarillo intenso. Insatisfecho aún, el pueblo sigue indagando. Moisés termina declarando: «Dice que es una vaca que no ha sido empleada en el laboreo de la tierra ni en el riego del cultivo, sana, sin tacha». «Ah», dice el pueblo (traduciéndolo a nuestra forma de hablar), «ahora sí te entendemos». Y sacrifican a la vaca adecuada.

En el segundo relato, el sura 18:60-82 recopila una historia sorprendente, difícil de interpretar de manera que tenga sentido. Moisés y un joven criado van viajando hasta llegar a la unión de dos mares (por lo visto, ha sido un largo viaje). Cuando llegan y se sientan a descansar, al parecer un pez vivo que trajeron para comer se les escapa hasta el mar sin que se den cuenta y desaparece. Después de un breve descanso, los hombres siguen su largo viaje antes de acampar. Moisés le ordena al joven criado que prepare el pez que traían para el desayuno. Cuando el criado descubre que desapareció el pez, le confiesa a Moisés que olvidó al pez donde se encontraban los dos mares. Por cierto, le dice: «El Demonio hizo olvidarme».

Así que Moisés y su criado vuelven sobre sus pasos y, por providencia de Alá, se encuentran con uno de los siervos de Alá (cuyo nombre no aparece en el Corán, pero se le conoce como Khidr en la tradición islámica). Moisés reconoce su sabiduría y le ruega que lo deje convertirse en su discípulo. Khidr le responde a Moisés que él no tiene suficiente paciencia para quedarse con él durante largo tiempo. Entonces Moisés le responde: «Me encontrarás, si Alá quiere, paciente, y no desobedeceré tus órdenes». Khidr acepta con una condición: que Moisés no lo interrogue sobre nada antes que él traiga a colación el tema. Moisés acepta esta condición.

Cuando comienzan su viaje juntos, llegan a un barco y lo abordan. Sin embargo, Khidr le causa de inmediato unos daños tan graves al barco, que le abre un boquete. Moisés lo acusa de actuar con maldad: «¿Le has hecho un boquete para que se ahoguen sus pasajeros? ¡Has hecho algo muy grave!». Khidr contesta: «¿No te he dicho que no podrías tener paciencia conmigo?». Entonces Moisés se disculpa por haber olvidado lo prometido. Continúan el viaje y pronto se encuentran con un muchacho. Khidr lo mata sin dar explicación alguna. Moisés salta de nuevo, poniendo en tela de juicio la bondad de Khidr. Una vez más, Khidr le recuerda que le ha faltado paciencia y ha quebrantado su voto, y Moisés se arrepiente por segunda vez.

Por último, llegan a una aldea, donde les piden comida a los habitantes, quienes los rechazan. Estando aún en la aldea, Khidr descubre una pared de piedra que está a punto de desplomarse y la repara sin cobrarles nada. Moisés se queja, haciendo la observación de que con toda seguridad, un trabajo así merece paga (al menos a cambio de alguna comida). Khidr se cansa de la impaciencia de Moisés y decide que se deben separar. Aun así, primero le explica a Moisés sus misteriosas actuaciones. El barco, según dice, pertenecía a un grupo de gente pobre y estaba a punto de que un rey poderoso lo tomara como botín. Al abrirle un boquete, Khidr echó a perder los planes del rey, pero hizo posible que aquella gente lo reparara con unos gastos bastante pequeños. El muchacho que mató era rebelde e incrédulo con sus padres y, por tanto, constituía un gran sufrimiento para ellos. Alá les daría a esos padres otro hijo que fuera más justo. El muro de la aldea formaba parte de una propiedad de dos huérfanos cuyo padre fue un hombre temeroso de Dios. Bajo el lugar que protegía el muro se hallaba un gran tesoro que Alá quería que tuvieran esos jovencitos como compensación por haber tenido tan buen padre, pero nunca se habría descubierto si la pared se hubiera derrumbado.

El relato termina con la observación que hace Khidr de que él no hizo esas cosas por su propia cuenta, sino solo según lo dirigía Alá. La impaciencia de Moisés impidió que discerniera los propósitos más profundos de Alá en unos sucesos que al parecer carecían de sentido o incluso eran malvados.

En general, aunque se cuentan de nuevo los puntos más destacados del ministerio de Moisés en distintos informes esparcidos por todo el Corán, se recoge poco sobre las enseñanzas que Moisés les presentó a los israelitas. Se mencionan las tablas de la ley que Dios le da a Moisés para el pueblo, sin que se revele nada sobre su contenido. Se dice de Moisés que se le ha dado un libro de revelación para Israel, pero no aparecen los detalles. Lo más probable es que esto suceda por dos razones: (1) Mahoma no tenía acceso directo al Pentateuco en un lenguaje que pudiera leer, y (2) daba por sentado que la revelación dada a Moisés sería en esencia la misma que él proclamaba, así que no había necesidad de explorar la obra profética principal de Moisés como dador de la ley.

Otros personajes bíblicos

Elías

El nombre de Elías aparece en una corta lista de profetas que se halla en el 6:85. Es curioso que, sin explicación, lo pongan junto con los personajes del Nuevo Testamento, Zacarías, su hijo Juan (el Bautista) y Jesús, a pesar de que el ministerio de Elías tuvo lugar unos ochocientos años antes que ellos[5]. La única afirmación sustancial del Corán con respecto al ministerio de Elías se encuentra en el sura 37:123-130, donde en su condición de profeta, pide al pueblo cuentas por estar adorando al ídolo Baal en lugar de temer a Alá. Es lamentable, pero el pueblo en general lo rechaza, con excepción de «los siervos escogidos de Alá» (v. 128).

Eliseo

Eliseo, el sucesor de Elías, solo se menciona de pasada en dos ocasiones (6:86; 38:48) en unas cortas listas de profetas que se describen como hombres que se encuentran entre los mejores siervos de Alá.

Job

Al parecer, Mahoma da por sentado que sus oyentes tienen un conocimiento significativo de la historia de Job, puesto que el propio Job solo se menciona brevemente en dos ocasiones, haciendo notar su paciencia (21:83-85) y la misericordia de Alá hacia él cuando clama pidiendo alivio a sus sufrimientos (38:41-44). En el último de los dos pasajes, Alá le dice a Job: «¡Golpea con el pie!». Como resultado de esta acción, brota un manantial de agua fresca para que él se pueda lavar y refrescar.

Alá también le restaura a Job su familia y su fortuna y le da una extraña orden: «¡Toma en tu mano un puñado de hierba, golpea con él [a tu esposa] y no cometas perjurio!» (38:44). Al parecer, esto se enlaza con la historia (que no aparece en el Corán) de que la esposa de Job le sugería que maldijera a Dios y se muriera. Según la tradición islámica, Job se enojó con su consejo y juró que la azotaría cien veces. Dios le ordena ahora que cumpla lo que juró, pero de una manera misericordiosa, usando hierba suave como látigo.

Jonás

En el sura 37:139-148 se cuenta la historia de Jonás (Yunos) de forma muy sumaria, y se menciona su nombre también en dos listas de profetas (4:163; 6:86). Se cuenta su huida de Dios, después cuando se echan suertes para lanzarlo al agua, el tiempo que pasó en el vientre de un gran pez y cómo lo vomita en la orilla una vez que se arrepiente (véase 21:87). Lo extraño es que en este momento, Alá hace que crezca una calabacera sobre Jonás para protegerlo del sol mientras se recupera de la enfermedad que le causó el tiempo que estuvo dentro del pez. Después de esto, se envía a Jonás «a cien mil o más» (37:147), extraña afirmación para proceder de la boca de un Dios omnisciente. Mediante la predicación de Jonás, el pueblo cree y se salva por un tiempo del juicio. El Corán nunca nos dice quiénes son esas personas a las cuales va Jonás. Por el testimonio bíblico, podemos suponer que Mahoma se refiere a los ninivitas, pero el sura 10:98 solo los llama el «pueblo de Jonás».

Saúl

El primer rey de Israel, Saúl (Talut), es el centro de atención en el sura 2:246-249. El pueblo de Israel le pide a un profeta cuyo nombre no se indica (Samuel en la Biblia) que le nombre un rey, después de lo cual estará dispuesto a dedicarse al *yihad* por Alá. Sin embargo, cuando nombra a Saúl, ellos se resisten, quejándose de que no es lo suficiente rico ni preparado para ser su rey. El profeta responde diciendo que Alá les mostrará una señal, trayendo en medio de ellos el arca del pacto, llevada por ángeles. Entonces el pueblo transige. Más tarde, Saúl reúne su ejército y lo lleva a un río antes de la batalla. A todos los que beben, *pero* no se llevan el agua a los labios en el hueco de la mano, los envían a sus casas (¿una combinación con el relato bíblico sobre Gedeón, que aparece en Jueces 7:4-8?). Los demás se lanzan contra el enemigo, formado por Goliat y sus hordas.

David

David (Dawud), quien ocupa un papel tan central dentro de la historia y las esperanzas de Israel, se menciona al final de este relato como el que mata a Goliat y recibe el reino después de la muerte de Saúl (véase también la 2:251). El Corán también identifica a David como el profeta al cual Alá le da el libro de los Salmos (Zabur), el líder militar al cual le da el don de hacer hierro flexible (con el fin de fabricar cotas de malla para su ejército [34:10-11]) y el sabio al cual le da la sumisión de todas las aves reunidas para servirle. El sura 5:78 habla de que tanto David como Jesús maldicen a los judíos que se han desviado de la senda verdadera.

La historia coránica más larga acerca de David encuentra su fuente en el relato bíblico de la represión de David por el profeta Natán a causa de su pecado con Betsabé (2 Samuel 12:1-15). En el Corán, sin embargo, Natán está ausente de la escena, y la parábola que relata para atrapar a David en su pecado se convierte en un suceso histórico (sura 38:21-26). Dos hombres acuden con una queja a David, buscando que juzgue entre ellos con su sabiduría. El más fuerte, que tiene noventa y nueve ovejas, le ha exigido al más débil su única corderita. De inmediato David, sin escuchar a la otra parte, toma la causa del hombre más débil y falla a su favor. De alguna manera, a partir de este suceso, David discierne que Dios lo está convenciendo de pecado (aunque no se nos habla nada de sus transgresiones relacionadas con Betsabé), y se postra arrepentido.

Salomón

Salomón (Sulaimán) recibe un trato algo extenso dentro del Corán. Tiene la sabiduría de su padre, David, y le bendicen con unos poderes mayores aun que le da Alá. Juzga de manera impecable entre los pobres, aprende también el arte de trabajar el metal con propósitos militares, se le concede poder sobrenatural sobre los vientos a fin de que hagan lo que él desee (transportándolo con sus ejércitos dondequiera que quiera), y tiene autoridad sobre demonios (*jinn*) que usa como criados (21:79-82; véase también 34:12-13). Según 27:16, a Salomón se le había revelado el lenguaje de los pájaros, y es caudillo de ejércitos formados por hombres, *jinn* y pájaros.

En una ocasión, sus ejércitos están atravesando un valle. El Corán registra la seria advertencia de una hormiga a las demás de su colonia en el suelo del valle, cuando ve las columnas que se aproximan: «¡Hormigas! ¡Entrad en vuestras viviendas, no sea que Salomón y sus tropas os aplasten sin darse cuenta!». Salomón acierta a oír lo que dice y sonríe divertido (27:17-19).

Enseguida después de este relato, Salomón inspecciona los pájaros reunidos de su corte y nota que hay uno, la abubilla, que está ausente. Molesto, decide castigar a esta ave, a menos que tenga una excusa que justifique en verdad su ausencia. La abubilla aparece y le revela a Salomón algo que no sabía. Afirma que estuvo en Sabá y descubrió una raza de gente rica, gobernada por una reina con un gran trono. Satanás ha impedido que conozcan a Alá y por eso adoran al sol.

Salomón decide poner a prueba lo que afirma la abubilla, mandándole que entregue una carta suya al pueblo de Sabá. Cuando la reina lee la carta, que convoca al pueblo a comparecer ante él y someterse a Alá, les pide sabiduría a sus consejeros. Confiados en su poderío militar, citan que el país está preparado para pelear, pero dejan la decisión final en manos de la reina. Con buena discreción, la reina opta por enviarle a Salomón un presente para ver cómo reacciona, pero el rey de Israel rechaza el presente, diciéndoles a los mensajeros: «¿Queréis colmarme de hacienda? Lo que Alá me ha dado vale más que lo que él os ha dado» (27:36). Les ordena que vuelvan a Sabá, advirtiéndoles que llegará a su debido tiempo con sus ejércitos para someterlos.

Entonces, esperando la rendición de la reina, Salomón se vuelve a sus jefes y les pregunta: «¿Quién de vosotros me traerá su trono antes de que vengan a mí sumisos?» Un *ifrít* (uno de los líderes entre los *jinn*) alardea de podérselo traer al rey antes que este despida a sus consejeros. Sin embargo, al parecer pronto eso no es bastante para Salomón. Otro («que tenía ciencia de la Escritura»), dice: «Yo te lo traeré en un abrir y cerrar de ojos». Y lo logra. Entonces Salomón ordena que se disfrace el trono, para descubrir si la reina lo va a reconocer o no cuando llegue. A lo que parece, esto sirve de prueba para discernir si Alá la guía como es debido o no. Cuando hacen pasar a la reina, se le dice: «¿Es así su trono?». Ella responde: «Parece que sí».

De alguna manera, Salomón llega así a la conclusión de que ella no es aún musulmana. Invita a la reina a entrar a su palacio, donde hay pisos de cristal claro. No habiendo visto antes nada como eso, la reina piensa que el piso está cubierto de agua. Por eso se levanta el vestido y deja sus piernas al descubierto, preparándose para atravesar la sala. De una manera misteriosa, cuando Salomón le descubre que el piso es de cristal, ella exclama: «¡Señor! He sido injusta conmigo misma, pero, como Salomón, me someto a Alá» (27:44; el relato aparece entero en 27:16-44).

El Corán habla en el sura 38:30-40 del gran amor de Salomón por los caballos de raza. Un día, mientras inspeccionaba unos caballos de batalla asombrosos en especial, pierde la noción del tiempo hasta que llega la noche, descuidando sus oraciones. Al parecer, Alá lo castiga, colocando en su lugar sobre el trono real a un demonio que se le parece, el cual lo suplanta por un tiempo. Salomón suplica perdón y Alá se lo concede. Más tarde, Alá también le concede a Salomón autoridad sobre el viento y los *jinn* para que lo sirvan, como consecuencia de esto (según 34:12-13) puede viajar la distancia de dos meses en un solo día sobre las alas del viento y crear hermosos objetos gracias a los esfuerzos de los esclavizados *jinn*.

La versión de Mahoma sobre la muerte de Salomón se registra en 34:14. Al parecer, el rey muere estando de pie o apoyado sobre su báculo, pero nadie (incluyendo su familia o sus cortesanos) se da cuenta de esto durante bastante tiempo (tal vez meses o más), hasta que un pequeño gusano termina de carcomer el báculo, haciendo que se venga al suelo. El atraso en el descubrimiento de la muerte de Salomón es irritante en particular para los *jinn*, que han seguido actuando como esclavos, ¡solo porque suponían que seguía vivo!

Juan el Bautista

La gran mayoría de los personajes bíblicos citados por Mahoma proceden del Antiguo Testamento. Aparte de unas importantes menciones de María y de Jesús, el Corán guarda un virtual silencio con respecto a la gente y los sucesos de los Evangelios y de la iglesia apostólica. Solo se menciona por su nombre a Juan el Bautista y a su padre Zacarías.

El sura 19:2-15 relata la historia de la oración secreta de Zacarías para pedir un hijo a pesar de su avanzada edad y de la esterilidad de su esposa. Alá le anuncia la promesa de un hijo que se deberá llamar Juan (Yahya), pero Zacarías quiere una señal divina que confirme que es cierto que esto va a suceder. Alá declara que durante tres días con sus noches (véase también 3:38-41), el futuro padre no podrá hablar. Después del nacimiento de Juan, este crece obediente y fiel a sus padres y a Alá, demostrando sabiduría desde su juventud. La tradición musulmana reconoce el papel de Juan el Bautista como precursor de Jesús, pero el Corán mismo solo hace una velada alusión a esto[6].

La historia de la mesa

Hay dos últimas historias del Corán que tienen lazos con la era de la Iglesia (tanto en la época del Nuevo Testamento, como en la post-apostólica), aunque no tengan raíces canónicas. La primera se encuentra en el sura 5:112-115, donde los discípulos de Jesús le preguntan si Alá les enviará del cielo una mesa servida con un banquete. Jesús les advierte que no sean presuntuosos, pero ellos le responden que un milagro así fortalecerá su fe y confirmará la calidad de Jesús como profeta. Así que Jesús ora, y Alá le concede su petición, pero con una severa advertencia para los discípulos: «Pero, si uno de vosotros, después de eso, no cree, le castigaré como no he castigado a nadie en el mundo» (5:115).

No hay antecedentes de esta historia en ninguna literatura conocida, pero es del todo posible que Mahoma entendiera mal la frase cristiana «la mesa del Señor» y tal vez combinara esta expresión con un material procedente del Salmo 78:19, o con la historia de la alimentación de los cinco mil en los Evangelios. La palabra árabe traducida aquí como «mesa» (*maidah*) solo se encuentra aquí en el Corán, y en sus orígenes se deriva de una palabra etíope similar, usada por los cristianos nativos de Abisinia como término técnico para referirse a la mesa del Señor (esto es, a la comunión).

La historia de los jóvenes y el perro en la caverna

Por último, pasamos a un relato coránico que tiene fuertes paralelos en los escritos apócrifos cristianos. Conocido popularmente como «Los Compañeros de la Caverna», este cuento se halla en el sura 18:9-26. Se refiere a un grupo de jóvenes acompañados por un perro que, huyendo de los infieles, se refugian en una caverna y oran para pedir la protección de Alá. Él les da un profundo sueño y los despierta trescientos (o trescientos y nueve) años más tarde. Es interesante que, a pesar de que se suponga que Alá es el que le narra esta historia a Mahoma, haya incertidumbre con respecto al número de hombres que salvó. El versículo 22 afirma que unos dicen que son tres, otros cinco, algunos incluso dicen que eran siete. O bien Alá no está seguro (algo imposible dentro del pensamiento musulmán), o por alguna razón desconocida se niega a aclarar este detalle secundario.

Un fascinante paralelo de este relato, escrito por lo menos doscientos años antes que comenzaran las revelaciones de Mahoma, se encuentra en el *Acta Sanctorum* [Vida y obra de los santos], una obra cristiana apócrifa que destaca la fidelidad de Dios con los cristianos perseguidos. En esta historia, conocida de modo informal como «Los siete durmientes», unos cristianos que huyen de la persecución durante el gobierno del emperador Decio (m. en el 251 d. C.), se esconden en una caverna cerca de Éfeso. La entrada a la caverna queda sellada durante casi doscientos años, y el grupo cae en un profundo sueño. Cuando al fin se abre la caverna, los durmientes despiertan y uno se aventura a llegar hasta la ciudad cercana. Se siente asombrado al saber que en los dos siglos que pasaron, el Imperio Romano se ha cristianizado en gran parte, algo muy lejano a la posición anticristiana que había adoptado antes de entrar ellos en su período de hibernación. El emperador sabe de ellos y va a conocerlos a la caverna. Gozosos, los hombres relatan cómo Dios los salvó del martirio para que sirvieran de testigos de su fiel protección. Después de glorificar a Dios de esta manera, fallecen.

Semilla germinal

Aunque de ninguna manera se le da un tratamiento exhaustivo de todas las personas y referencias bíblicas en el Corán, estos dos capítulos describen los personajes bíblicos que se mencionan de manera significativa en el Corán, así como los acontecimientos y las circunstancias que el Corán conecta a la historia judía y cristiana aparte de cualquier mención en la Biblia. Como vimos, la mayoría de los relatos coránicos relacionados con la Biblia contienen al menos la semilla germinal del material bíblico anterior en lo que presentan. Sin embargo, también vimos que muchas de las historias coránicas sobre profetas bíblicos carecen de una fuerte base histórica o de una secuencia lógica de un relato al siguiente. Las frecuentes listas de profetas muchas veces no tienen un orden distinguible, ni cronológico, ni de ningún otro tipo.

Aparte de la forma lacónica en que habla de Jonás, en el Corán no se mencionan los últimos profetas judíos (desde el siglo VIII a. C. en adelante). Una serie de historias que se encuentran entre las revelaciones de Mahoma se pueden remontar a relatos anteriores no canónicos del Talmud judío y de los apócrifos cristianos. Los nombres de algunos de los profetas, como Jonás, Elías e Isaac, aparecen en el árabe del Corán como transliteraciones de sus formas griegas (como sería de esperar si Mahoma recibió su información de unos judíos y cristianos helenizados), en lugar de tener por modelo sus formas semíticas originales (como era de esperar si Dios hubiera revelado en realidad estos relatos).

Empapado en las corrientes enlodadas del momento

A fin de cuentas, parece justo llegar a la conclusión de que Mahoma, en su deseo de mantener una conformidad con lo que creía una revelación anterior del Dios verdadero, recogió tanto conocimiento como pudo de las corrientes de fuentes judías y cristianas que estaban a su alcance en el occidente de la península Arábiga. Es de lamentar que esas mismas corrientes solían estar enlodadas, puesto que las tribus nativas de judíos y de cristianos muchas veces la formaban personas sin estudios y desconocedoras de sus propios textos santos. Lo que Mahoma aprende, muchas veces está adulterado y repleto de vacíos, y a él le ha correspondido juntarlo todo, teniendo una comprensión previa nula o casi nula del fluir de la historia bíblica.

En medio de rumores y de afluentes secundarios de material, así como en un ambiente cultural acostumbrado a los relatos de cuentos fantásticos, Mahoma reorganiza gran parte de lo que ha acumulado, algunas veces combinando historias, otras mezclando fuentes, todo movido por el deseo de apoyar su declaración de que es un verdadero profeta de Dios en sintonía con los verdaderos profetas de la antigüedad. Al darles a estos profetas anteriores su propia imagen como precursores de la ira divina contra la infidelidad y el politeísmo, Mahoma trata de aumentar la fuerza de su propio mensaje y obligar a sus oyentes a tomar la decisión definitiva de ponerse del lado de Alá y su profeta, o de ponerse en contra suya.

Aunque sea elogiable la meta de Mahoma de erradicar el politeísmo y la inmoralidad, la persona razonable que vea el uso que hace el Corán del material bíblico tiene que llegar a la conclusión de que el Corán es un documento defectuoso desde el punto de vista histórico. Como tal, no se puede tener en pie su afirmación de que fuera de inspiración divina y carente de errores. Los manantiales del desierto de los cuales bebió Mahoma su teología y su historia, no eran lo bastante puros para mantener su mensaje en sintonía con lo que Dios les había revelado a lo largo de los dos mil años anteriores a Israel y a la Iglesia. Nos preguntamos si Mahoma hubiera podido leer griego, sirio o latín, y hubiera tenido acceso a la propia Biblia, su mensaje podría haber cambiado. En lugar de convertirse en el fundador de una nueva religión, ¡quizá se hubiera convertido en un apóstol de Cristo para la península Arábiga! De este lado de la eternidad nunca lo sabremos, pero siempre nos lo seguiremos preguntando.

9

LA AGONÍA Y EL ÉXTASIS: EL INFIERNO Y EL CIELO

En cuanto al tema del juicio divino, el Corán y la Biblia comparten un punto de vista similar, aunque no idéntico. Según ambos, el género humano se enfrenta a un problema imposible de resolver, porque Dios ha establecido unas leyes universales en cuanto a lo bueno o lo malo en lo moral, que los seres humanos hemos quebrantado todas sin excepción. La soberanía y la justicia de Dios lo obligan a castigar esas transgresiones, de las cuales al menos algunas son tan serias que merecen una eternidad de sufrimientos en el infierno. Aunque Dios se contenga por naturaleza, retrasando su juicio por misericordia, un día deberá llamar a todos los seres humanos a rendirle cuentas. Ese día, según la Biblia y también el Corán, sucederá al término de la historia humana, cuando Dios lleve a su fin la creación presente, y se siente en el gran trono del juicio para separar a los justos de los malvados, de manera que los bienaventurados habiten en la gloria perdurable en los nuevos cielos y la nueva tierra, mientras que los condenados existan en medio de unos tormentos y una desolación eternos.

La solución cristiana al problema del género humano

El futuro de cada mortal está en peligro debido a la realidad del pecado: nuestra desobediencia a Dios o rebelión en su contra.

Según la Biblia, este problema es insuperable para el género humano, porque no batallamos solo con actos de desobediencia aquí y allá, que podamos tratar de expiar, sino con una naturaleza interna intransigente que se mantiene corrompida y fuera del alcance de nuestra capacidad de sanar. Es como si el sistema que maneja nuestro espíritu estuviera siempre mal alineado, de tal forma que, aunque pensemos que queremos buscar a Dios, siempre nos desviemos de la senda y persigamos en su lugar nuestros propios apetitos caídos o nuestros falsos dioses.

Para los cristianos, esta situación es desesperada. No nos podemos salvar a nosotros mismos, ni hay ninguna otra cosa en esta creación caída que pueda venir a ayudarnos de manera adecuada ante un Dios santo. A fin de que logremos sobrevivir el juicio divino, la solución tiene que venir de fuera de la creación; por supuesto, del mismo Dios. Así nos vemos atrapados en un dilema. Huimos con temor del Dios de la perfección moral, pero ese mismo Dios de amor es nuestra única esperanza de salvación. Por fortuna, Dios ha resuelto por nosotros este dilema, tomando la iniciativa de intervenir a favor nuestro como Salvador.

El evangelio de Jesucristo es de seguro la «buena nueva» porque Dios Hijo entra en la turbulenta línea de la historia humana para resolver el asunto del pecado y el juicio haciéndose uno de nosotros y tomando sobre sus hombros divino-humanos el peso de todo el pecado a través de su sacrificio en el Calvario. Él invita a todos los pecadores a intercambiar sus pecados por su justicia en la cruz y a experimentar el nacimiento de una naturaleza humana redimida por medio de su vida de resurrección. En el evangelio, la inquebrantable santidad de Dios se satisface cuando su ira se derrama con justicia sobre los pecados que lleva sobre sí su Hijo, y la compasiva misericordia de Dios Padre se manifiesta cuando Él rescata a los que se han refugiado bajo la cruz expiatoria de su amado Hijo. El Dios de la justicia, ante el cual nosotros una vez retrocedíamos llenos de temor, ahora nos llama a correr a los brazos abiertos de su amor salvador.

La solución musulmana del arrepentimiento

Para el islam, por supuesto, la solución que se ofrece es distinta. Los musulmanes rechazan la idea de que los seres humanos estemos alejados de Dios de forma radical por una naturaleza corrompida que no podemos vencer con nuestros propios esfuerzos. En esencia, nuestra naturaleza es buena, pero es débil. Caemos con facilidad en desobediencia al olvidarnos de los mandatos de Dios o al no estar dispuestos a disciplinar nuestros apetitos, pero estos problemas se pueden corregir mediante el régimen revelado por medio del profeta Mahoma. Las cinco oraciones diarias, el mes de ayuno, las continuas limosnas, la meta de peregrinar a La Meca una vez en la vida con su gran abundancia de sombríos rituales y requisitos, son todas formas de preparar la mente y el corazón a fin de que no olvidemos los deberes que tenemos con Alá.

De igual importancia son el temor a que el juicio divino lo envíe a uno a una eternidad de desesperada agonía y el deseo de que nos incluyan entre los justos en un paraíso de deleites sensuales eternos sirven como poderosas motivaciones para las formas de conducta que ordena el islam. El tema del juicio divino encuentra un lugar prominente en el Corán (solo superado por la insistencia en la soberanía exclusiva de Alá), advirtiéndole a la humanidad que acate las normas o se atenga a las terribles consecuencias. Por lo tanto, para los musulmanes el pecado, aunque serio, no es un problema insuperable, porque se puede erradicar mediante el arrepentimiento y la esperanza en la misericordia de Dios hacia los que se esfuerzan con celo por vivir en obediencia a Alá. En este escenario, la santidad de Dios queda sometida a su misericordia y los pecados no se expían, sino se barren bajo la alfombra de la voluntad soberana de Alá para los que Él decide perdonar.

Lo lamentable del caso es que estas enseñanzas dejan a los musulmanes con una profunda incertidumbre en cuanto a su destino eterno. Mientras que el Corán habla con frecuencia de Alá como el que todo lo perdona, el todo compasión, ningún musulmán puede estar seguro de que esa misericordia a fin de cuentas se dirija hacia su persona. La misericordia en sí misma no forma parte de la naturaleza de Dios, sino que solo es una de las formas en que Él decide actuar en su libertad, del mismo modo que la ira es otra forma igual en que puede decidirse a actuar, también en su libertad. Hasta el propio Mahoma expresó incertidumbre sobre su propio destino, al reconocer la libertad absoluta de Alá para actuar como quisiera.

Lo mejor que pueden esperar los musulmanes es que a base de esforzarse por vivir tan obedientes como les sea posible (aunque en realidad, nadie vive sin cesar a esta altura), Alá sea movido a misericordia por sus méritos relativos cuando pese su vida en la balanza divina. Si le preguntara incluso al más devoto de los musulmanes si se siente seguro de que va a alcanzar el paraíso después de la muerte, la respuesta tradicional que recibiría es un *¡Inshallah!* («Si Dios lo quiere»). Tal vez el perdón de Alá se incline a favor de los que se caracterizan por una piedad islámica en su corazón y una sumisión a Él en sus obras.

El día del juicio en el islam

Los musulmanes están sinceramente de acuerdo con el sentido de Hebreos 9:27: «Está establecido que los seres humanos mueran una sola vez, y después venga el juicio». El islam no contiene indicio alguno de una reencarnación, ni de un estado de purgatorio después de la muerte, mediante el cual purificarse de los pecados cometidos en la tierra. Lo que sostiene es que el estado del alma al morir (con todas sus obras buenas y malas que han quedado escritas), es por lo que uno debe responder ante el tribunal del juicio de Dios. En cuanto a lo que sucede entre el momento de la muerte y el escatológico Día del Juicio, el Corán lo que hace es guardar silencio en general, pero la mayoría de los eruditos islámicos sostienen que el alma continúa en un estado de sueño y con suavidad experimenta por adelantado su destino final hasta que por fin se reúne con el cuerpo en la resurrección general de todos los muertos[1], justo antes del Gran Juicio: «Se tocará la trompeta y se precipitarán de las sepulturas a su Señor. Dirán: "¡Ay de nosotros! ¿Quién nos ha despertado de nuestro lecho? Esto es aquello con que el Compasivo nos había amenazado. Los enviados decían la verdad"» (sura 36:51-52).

Este Día del Juicio no se aparta nunca del pensamiento de Mahoma. Ocupa un lugar prominente en sus advertencias, y se refiere a él usando diversos nombres descriptivos en una abundante cantidad de ocasiones esparcidas por todo el Corán y las tradiciones del Hadit. Es:

- el Último Día
- el Día de Levantarse (es decir, la Resurrección)
- el Día de la Separación (entre los justos y los malvados)
- el Día de Rendir Cuentas (por todo ante Alá)
- el Día del Despertar (del sueño a la conciencia del destino eterno de la persona)
- el Día de Abarcar (todas las obras de la humanidad en el juicio)

Muchas veces, este suceso escatológico solo recibe el nombre de «la Hora» (6:31; 7:187; 15:85; 16:77; 22:1; 54:46), aunque el Corán contempla su duración real de diversas maneras, como mil años (32:5) o cincuenta mil años (70:4). Nadie más que Alá conoce el momento en que comenzará (según una tradición, hasta el propio Gabriel confiesa su ignorancia cuando Mahoma le insta a que le dé más información). No obstante, la tradición islámica ha desarrollado una serie de señales mayores y menores que deben preceder a su llegada. La señal súbita y definitiva será el sonido de una trompeta celestial que convocará de forma irresistible a todas las criaturas al lugar del juicio, al parecer situado en la tierra acabada de crear de nuevo, aunque ningún ser humano sabe dónde será (véase 14:48).

El Corán enseña con claridad que todas las personas deberán comparecer solas en el tribunal ante Alá. Nadie puede servir de intercesor ni de mediador por ningún otro: «Temed un día en que nadie pueda satisfacer nada por otro, ni se acepte la intercesión ajena, compensación ni auxilio» (sura 2:48).

¿Mahoma como figura salvadora?

No hay duda de que Mahoma conocía las afirmaciones de los cristianos con respecto al papel de Jesucristo como intercesor ante Dios a favor de los que pongan su confianza en el sacrificio de Él. Por ese motivo, trató de eliminar esta obra mediadora revelada en la Biblia, así como cualquier otra figura salvadora a la cual sus oyentes pudieran acudir. En una fascinante contradicción con esta clara enseñanza del Corán, la tradición islámica ha ido intentando cada vez con mayor fuerza hacer una remodelación del ministerio del propio Mahoma, de manera que pase de ser un simple encargado de advertir sobre el juicio que se avecina, a ser en sí mismo una figura salvadora, moldeada de nuevo según los criterios de lo que afirma la Iglesia acerca de Jesucristo.

Una tradición informa que cuando aparezca Alá para juzgar al género humano, Mahoma se presentará para asumir el papel de intercesor a favor de todos los musulmanes. Otros, como Adán, Noé, Abraham, Moisés y Jesús, ya habrán declinado el desempeño de esa labor (con la interesante excepción de Jesús), citando ciertos pecados determinados que han cometido y que los descalifican para un papel así. En la tradición musulmana popular se considera a Mahoma como un hombre sin pecado, aunque el Corán reconoce con claridad sus pecados y lo llama al arrepentimiento, como todos los demás mortales.

Las descripciones del Día del Juicio son horripilantes en gran medida en los primeros suras de Mahoma, cuando lo que más le preocupaba era advertir a los incrédulos sobre lo peligroso que era su estado alejados del mensaje del islam que él desarrollaba. El sura 75 (llamado «La resurrección») les advierte a los que nieguen la resurrección que tal negación no impedirá que se tengan que enfrentar al juicio de Alá después de la muerte. Él los reconstituirá a fin de que se enfrenten a su ira, tanto si deciden creer eso o no. En ese día, los hombres se tambalearán cuando se junte el sol con la luna (en un eclipse) y falte la luz (75:7-9).

Los suras 81 al 84 continúan estas imágenes apocalípticas, ya que en el Día de la Resurrección falta el sol y las estrellas caen del firmamento, los mares rugen de manera incontrolable o arden como fuego, los animales se apiñan aterrados y las montañas se desploman. Mahoma añade a esta descripción unas cuantas imágenes autóctonas del mundo árabe, afirmando que en ese día se descuidarán hasta las camellas preñadas (la más preciada de todas las posesiones), porque sus dueños se dedicarán por completo a sobrevivir. En ese día se abrirán los libros de las obras, se encenderá el infierno, se acercará el paraíso y cada cual descubrirá su destino.

En el sura 82 se les recuerda a los incrédulos que los ángeles se ocupan de escribir todas las obras de cada mortal, y que en el Día de la Recompensa, cuando se abran todas las tumbas, ninguno se dejará en la muerte, sino que todos resucitarán para responder solo por sus obras ante Alá.

Los mercaderes que defrauden a sus clientes con unas balanzas y medidas defectuosas, no triunfarán en su subterfugio (sura 83). De Alá no se burla nadie, y estos pecados, tal como los recogerán por escrito los ángeles, serán castigados por completo. Aunque tal vez ahora los incrédulos se deleiten en sus pecados y humillen a los fieles, las cosas cambiarán del todo en el Día Final, cuando los creyentes, sentados en sus altos tronos, bajarán la mirada a los infieles y se reirán (83:34-35).

A todas estas imágenes, el sura 84 añade que cuando se desgarren los cielos y se allane la tierra, a todos los seres humanos se les entregará el registro de su vida. Los que reciban el libro con la mano derecha, disfrutarán de una rendición de cuentas fácil y la recompensa del paraíso. Los que reciban el libro por detrás de su espalda (o con la mano izquierda), probarán los ardientes fuegos del infierno en un tormento imperecedero.

Entre las últimas revelaciones, el sura 22:1-7 pinta unas nuevas escenas de terror. Las madres que están dando el pecho, olvidarán en su terror a los bebés que amamantan, las mujeres embarazadas abortarán y los seres humanos en general se tambalearán como si se hallaran en el estupor de la embriaguez. Los dioses falsos no les servirán de nada a los politeístas, porque esas entidades mismas darán testimonio contra sus seguidores, en sumisión a Alá. «Es que la Hora llega, no hay duda de ella», declara Mahoma (22:7).

Cuando Dios juzgue, se enviarán sus criaturas a uno de sus puntos finales de destino: el infierno o el paraíso. El Corán los describe a menudo en vívidos detalles.

Las descripciones del Último Día y del infierno

La imagen con mucho constante del infierno en el Corán es la del fuego. Es más, la palabra que se usa con mayor frecuencia para referirse al infierno es *an-Nar* («el Fuego»). Según la tradición, los fuegos del infierno arden con un calor setenta veces superior a las llamas de la tierra. Es el lugar del tormento eterno. Conocido también como *jahannam* [2], desempeña el papel de purgatorio, además de uno de juicio. El islam enseña que todos los seres humanos deben pasar como mínimo por el infierno, si no se quedan en él (19:71). A los musulmanes piadosos los rescatarán de él y los establecerán en el paraíso, mientras que los demás continuarán dentro de sus llamas perpetuas.

Según el 15:44, el infierno tiene siete puertas o niveles, una por cada clase de pecador. Según la tradición, los maestros musulmanes sacan el nombre de cada puerta de los diversos títulos del infierno que aparecen en el Corán, aunque los textos en sí mismos no lo autoricen. En este modelo, el *jahannam* es el primer nivel y «más suave», el sitio en el que todos los musulmanes pasan un tiempo antes de que se reúnan en el paraíso, si tienen esa fortuna. El segundo nivel, conocido como *lada*, está reservado para los cristianos [3] (70:15-18). Por la tercera puerta pasan los judíos a la *al-hutama*, con su «fuego que llega hasta las entrañas» (104:4-7). El *sair*, el cuarto nivel, está reservado para los sabeos (o seguidores de Zoroastro; véase el 4:10, una de las doce veces que aparece el término). El quinto infierno, conocido como *saqar*, estará apartado para los magos y todos los politeístas: «El día que sean arrastrados boca abajo al Fuego: "¡Gustad el contacto del *saqar*!"» (54:48;

véase también 74:42). A los idólatras los reunirán en el penúltimo lugar, llamado *al-jahim*, mientras que el más terrible de todos los tormentos, el *hawiyat* («el Abismo») será la pesadilla viviente de todos los «hipócritas», es decir, los que una vez abrazaron el islam para después apartarse de él en su apostasía.

En los primeros suras de Mahoma, el infierno sirve ante todo como castigo para los que rechacen la misión del profeta. A los incrédulos, cualquiera que sea su categoría moral, se les advierte respecto al destino que les está reservado a todos los que se burlen del apóstol de Dios. Por ejemplo, en el sura 74:11-26 (la segunda revelación dada por Mahoma), Alá señala a un incrédulo de La Meca (Al Walid ibn Al Mughirah al Makhzumi), que dirigió las primeras hostilidades contra Mahoma, sellando así su destino en el infierno a causa de esto.

La vulnerabilidad de las mujeres

En los últimos suras, la justificación de los castigos del infierno se amplía más allá de la oposición al profeta para incluir una larga lista de pecados, de tal manera que no hay ser humano que se halle fuera del alcance del juicio divino. Las mujeres parecen ser vulnerables en especial. Aunque no se mencionen de forma directa con frecuencia en las enseñanzas coránicas acerca del infierno, en la tradición islámica popular las mujeres se hallan en un peligro espiritual mayor que los hombres. Aunque el sura 4:124 le ofrece la esperanza del paraíso a todo «[verdadero] creyente, varón o hembra, que obre bien», las tradiciones del Hadit pintan una imagen distinta y más escalofriante para el género femenino. Mahoma relata que a una mujer que mantuvo encerrado un gato hasta que murió de hambre, la condenaron a los tormentos del infierno debido a esta transgresión (al-Bukhari 3:323). Sin embargo, más descorazonadora aun es la siguiente tradición, repetida con frecuencia:

En una ocasión, el Apóstol de Alá salió al Musalla [para orar] de Eid al-Adha o la oración al-Fitr. Entonces pasó junto a las mujeres y les dijo: «Mujeres, den limosna, porque he visto que la mayoría de las personas que habitaban en el infierno estaba entre ustedes». Ellas le preguntaron: «¿Por qué así, oh Apóstol de Alá?». Él les contestó: «Ustedes maldicen con frecuencia y son ingratas con sus maridos. No he visto nadie más deficiente en inteligencia y en religión que ustedes». Las mujeres le preguntaron: «¡Oh Apóstol de Alá! ¿Qué hay de deficiente en nuestra inteligencia y nuestra religión?». Él les dijo: «¿Acaso las evidencias de dos mujeres no equivalen al testimonio de un hombre?». Ellas le contestaron que sí. Él les dijo: «Esta es la deficiencia que hay en su inteligencia. ¿Acaso no es cierto que una mujer no puede orar ni ayunar durante su menstruación?». Las mujeres le contestaron que así era. Él les dijo: «Esta es la deficiencia que hay en su religión». (al-Bukhari, 1:181-182)

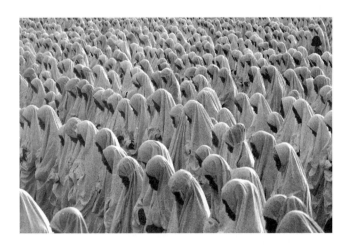

Las descripciones del infierno

Unas espeluznantes descripciones del infierno les dan a menudo colorido a las páginas del Corán. Arde con unas llamas insaciables que chisporrotean y braman (25:12). Un humo negro y denso irrita a los malvados y unos vientos abrasadores los golpean sin cesar (56:42-44). El agua hierve de manera incontrolable (55:44), mientras el infierno arde en su furia (67:7-8). Su hambre de tener más habitantes es voraz; en el 50:30 se nos dice que un día Alá le dirá al infierno o gehena: «¿Estás ya llena?». El infierno responderá: «¿Aun hay más?». Los condenados sufrirán sin parar las agonías de la carne que se quema y la garganta que arde. Se verán forzados a usar vestiduras de fuego o de alquitrán (14:50) y a soportar que se les derramen sobre la cabeza tantos líquidos ardiendo, que les consumirá la piel, así como todo lo que contiene su vientre (22:19-20).

Con el fin de que su agonía se renueve a cada momento, dice Alá: «Siempre que se les consuma la piel, se la repondremos, para que gusten el castigo» (4:56). Aunque suplicarán que los destruyan, no se les permitirá que sufran una segunda muerte para escapar de su angustia eterna (14:17). Lo único que podrán beber será un agua hirviente y sucia, seguida por unos tragos helados de un líquido negro y espeso. Se alimentarán con el pus de sus heridas infectadas (69:36; 78:25) o con el fruto demoníaco del amargo árbol de Zaqqum, cuyas raíces se alimentan de los fuegos más profundos del infierno (37:62-67). Atados por cadenas de setenta codos de largo, soportarán el peso de unos grilletes eternos (69:30-32). Las súplicas dirigidas a los centinelas angélicos para pedirles misericordia caerán en oídos sordos; todo lo que les espera en el futuro es un tormento cada vez mayor (78:30).

Como si estas imágenes coránicas no fueran lo bastante feroces, en la literatura del Hadit abundan unos horrores imaginativos aun mayores. Al-Bukhari 5:567 escribe que Mahoma dijo: «La menos castigada de todas las personas que se hallen en el fuego del infierno en el día de la Resurrección va a ser un hombre bajo los arcos de cuyos pies será colocada una brasa ardiente, de manera que le hierva el cerebro a causa de ella».

Ni que decir tiene que estas imágenes espeluznantes del infierno que aparecen por todas partes sirven para motivar a los musulmanes a hacer todo lo posible por evitar un futuro así. En este punto, Mahoma se halla muy dentro de la tradición de Juan el Bautista, e incluso de Jesús, porque funciona en verdad como alguien dedicado a advertir a los mortales con respecto al horrible destino que les espera a los malvados. Sus descripciones del infierno encuentran al menos parte de sus antecedentes en las enseñanzas del Nuevo Testamento, donde el propio Jesús habla del infierno como un lugar de llanto y rechinar de dientes, un horno encendido (Mateo 13:50) cuyas llamas y cuyos castigos son eternos (25:41), y un lugar afuera de oscuridad (8:12) donde el gusano de la corrupción no muere nunca (Marcos 9:48).

El Apocalipsis describe los fuegos del infierno lanzando humo y azufre (Apocalipsis 9:2), alimentado al final por el gran lago de fuego (20:10). Tal vez la única diferencia significativa entre el relato bíblico y el coránico sea en cuanto a grado. El Corán describe de manera gráfica y con gran energía las agonías de los condenados, mientras que la Biblia se mantiene un tanto silenciosa en sus descripciones.

El paraíso musulmán de placeres sensuales

Para el islam, el paraíso es la antítesis del infierno[4]. En lugar de las agonías físicas del infierno, el paraíso promete unas oleadas interminables de éxtasis sensual. El infierno consta de siete niveles, pero el paraíso contiene ocho (lo que refleja para algunos la esperanza de que haya en él más habitantes que en el lugar de los malvados). Como sucede con los nombres coránicos para el infierno, los del paraíso no parecen indicar distintos niveles, aunque muchos eruditos islámicos los conciben así. En general, el paraíso se expresa en el Corán mediante el término árabe *al-Janna* («el Jardín»). Nuestra palabra «paraíso» nos llega a través de la forma griega (*paradeisos*) de una palabra persa anterior (*al-Firdaus*), que pasó directo al árabe y sirve en el Corán como nombre de uno de los niveles o descripciones del «Jardín». Los ocho niveles del paraíso descritos en el Corán son:

1. Jardín de Inmortalidad (25:15)
2. Morada de la Paz (6:127)
3. Morada de la Estabilidad (40:39)
4. Jardines del Edén (9:72)
5. Jardines de la Morada (32:19)
6. Jardines de la Delicia (5:65)
7. *Illiyyun* (este es también el nombre del libro de las obras de los justos; 83:18-28)
8. Jardines del Paraíso (*al-Firdaus*; 18:107)

En estos diversos niveles habitarán musulmanes, y solo musulmanes, según el mérito de su vida y su servicio.

Mahoma veía el paraíso como un lugar de unas dimensiones casi ilimitadas. Según al-Bukhari 8:559b, el profeta declaró: «En el Paraíso hay un árbol tan grande, que un jinete puede viajar bajo su sombra durante cien años sin salir de ella». La rica y fértil tierra del Jardín se halla surcada por numerosas corrientes en las que fluyen de manera diversa agua dulce, leche, miel o vino (sura 47:15), y los justos son libres de beber cualquiera de ellos tanto como deseen. Los bienaventurados habitarán en unos jardines frescos, se reclinarán en unos lujosos divanes y usarán hermosas vestiduras.

A estos bienaventurados también los atenderán unos muchachos eternamente jóvenes, que les servirán una amplia gama de frutas, manjares y copas de vino fino. Disfrutarán de los deleites sexuales de las huríes, que son una clase de mujeres jóvenes hermosas, creadas de manera especial en el paraíso para placer de los justos (56:35-37). De piel blanca y delicada, ojos de paloma y nunca antes tocadas por hombre o *jinn* alguno (55:72-75), las huríes son vírgenes «de recatado mirar, de una misma edad» (38:52), para los musulmanes fieles del paraíso. Su piel tiene el brillo de las joyas finas (56:22-23; 55:58), sus pechos son abultados (78:33) y están deseosas de complacer. Se casarán con los hombres bienaventurados del paraíso, al parecer como añadidura a cuantas esposas les queden de sus días en la tierra (44:54). Estas doncellas se mantendrán siempre castas y tímidas, y solo tendrán ojos para su nuevo esposo (37:48-49).

Parece justo llegar a la conclusión de que la insistencia coránica en estos placeres sensuales atraería a un varón seguidor de Mahoma en la península Arábiga del siglo VII. Criados en un desierto árido y muy caliente, sin estar autorizados a probar el vino, limitados en su experiencia sexual a su esposa o esposas, forzados a ganarse apenas la vida en una tierra nada fértil y escasa, ¿a qué hombre no se le haría la boca agua ante la oportunidad de reclinarse en suaves divanes junto a interminables corrientes de agua, de que le sirvan en todo cuanto desee unos criados infatigables que le traen manjares de frutas y carnes, de disfrutar todo el vino que quiera sin que después le duela jamás la cabeza, de tener relaciones sexuales con unas voluptuosas mujeres siempre jóvenes y eternamente vírgenes cada vez que se le antoje? Sin duda, una imagen así del paraíso conduciría a muchos árabes a ponerse de parte de Mahoma.

Para ser justos con el profeta del islam, las más sensuales descripciones del paraíso tienden a encontrarse en los primeros suras de su carrera, y en las últimas revelaciones indica que muchos de sus seguidores entrarán al paraíso como familias enteras y esos creyentes van a permanecer casados con sus esposas terrenales (aunque esto no excluye el disfrute de las huríes). No obstante, los placeres sensuales siguen estando en el centro mismo del atractivo que tiene el paraíso.

Algunos musulmanes modernos contestan que este lenguaje tan gráfico del Corán es para que se entienda en un sentido metafórico; como un intento por expresar en el limitado lenguaje de la experiencia humana lo que se halla más allá de lo que podemos concebir en el presente. Los exquisitos placeres espirituales del cielo no tienen paralelos reales en la tierra y por eso se deben expresar en el lenguaje de los placeres que podemos comprender nosotros. Es una injusticia, dicen, que se entienda este lenguaje en sentido literal. Sin embargo, los líderes religiosos musulmanes se hallan sorprendentemente unificados en su insistencia de que el Corán se *debe interpretar en sentido literal* en cuanto a los placeres sensuales del paraíso. Su perspectiva queda muy bien resumida en las palabras de un árabe musulmán:

> Hoy en día se hacen esfuerzos para demostrar que el paraíso de Mahoma solo era simbólico. Los sabios son capaces de explicarlo todo. Sin embargo, permítame decirle esto: yo he vivido toda mi vida fiel a Dios en este ardiente desierto. He evitado las tentaciones terrenales una tras otra en un esfuerzo por ganarme el paraíso. Si llego allí y no encuentro

ríos frescos, datileras, ni muchachas hermosas [...] que me hagan compañía, me voy a sentir muy defraudado[5].

En el Corán o en las tradiciones del Hadit se dice poco con respecto a las recompensas que se hallan a disposición de las musulmanas. Es de suponer que también disfrutarán de la amplia gama de deleites culinarios y se beneficiarán del servicio de los jóvenes ayudantes mientras permanecen reclinadas en divanes en los mismos escenarios idílicos que los hombres. Con todo, no se menciona nada con respecto a ellas, ni se les proporciona nada para su placer sexual, con la posible excepción de que continúen las relaciones conyugales con su esposo terrenal. En algunos casos, esto no parece tener mucho de paradisíaco.

El fuerte contraste con el cielo de la Biblia

Mientras que la comprensión musulmana del infierno y la cristiana difieren sobre todo en el grado de sus descripciones, no se puede decir lo mismo en cuanto a sus respectivos puntos de vista acerca del cielo o el paraíso. Como hemos observado, el Corán seduce al lector o al oyente con las vistas, los sonidos, los olores, los sabores y los sentimientos eróticos de los deleites sensuales. El paraíso es la respuesta a los sueños hedonistas de un hombre.

Dios, en cambio, se halla extrañamente ausente de este sueño. En su esencia, el paraíso es la recompensa de Alá por el cumplimiento del pacto con el creyente que ha obedecido lo suficiente sus mandatos a lo largo de su vida terrenal o por sacrificar su vida en un *yihad* por él (dicho sea de paso, esta fue una fuerte motivación ideológica tras los actos terroristas del 11 de septiembre, puesto que estos *mujaidines* por iniciativa propia entregaron su vida convencidos de tener así la seguridad de ganar los placeres del paraíso). Esa recompensa se paga en función de bendiciones materiales, algunas de las cuales se les había prohibido de manera estricta a los musulmanes en la tierra (por ejemplo, la licencia sexual y el uso liberal del vino), pero ahora en el paraíso se les anima a disfrutar de ellas.

Alá, que proporciona estos placeres, parece mantenerse apartado de una participación directa con los justos. No habita en el paraíso, sino encima de él. Aun en la nueva creación, se mantiene tan trascendente y tan «otro», que es difícil concebirlo en comunión con sus criaturas. De acuerdo, unos pocos versículos coránicos hablan de que los bienaventurados del paraíso contemplarán a Dios, pero estos textos aislados se pierden entre los numerosos versículos que proclaman los éxtasis de la carne.

El contraste con el punto de vista bíblico sobre el cielo no podría ser más fuerte. Aunque ciertos pasajes apocalípticos del Nuevo Testamento describen al cielo hablando de joyas y de metales preciosos, es evidente que la intención de esas imágenes es figurada. Lo que más importa es la relación de amor que Dios promete tener con los redimidos, sus hijos adoptivos. Podemos hallar el corazón mismo de la perspectiva bíblica en Apocalipsis 21 y 22, donde Juan escribe su visión de los cielos nuevos y la nueva tierra:

> Vi además la ciudad santa, la nueva Jerusalén, que bajaba del cielo, procedente de Dios, preparada como una novia hermosamente vestida para su prometido. Oí una potente voz que provenía del trono y decía: «¡Aquí, entre los seres humanos, está la morada de Dios! Él acampará en medio de ellos, y ellos serán su pueblo; Dios mismo estará con ellos y será su Dios. Él les enjugará toda lágrima de los ojos. Ya no habrá muerte, ni llanto, ni lamento ni dolor, porque las primeras cosas han dejado de existir». (Apocalipsis 21:2-4)

Ya no habrá maldición. El trono de Dios y del Cordero estará en la ciudad. Sus siervos lo adorarán; lo verán cara a cara, y llevarán su nombre en la frente. Ya no habrá noche; no necesitarán luz de lámpara ni de sol, porque el Señor Dios los alumbrará. Y reinarán por los siglos de los siglos. (Apocalipsis 22:3-5)

Aquí se describe el cielo en función ante todo de una tierna relación entre Dios y los seres humanos. Él es el centro de su atención, la fuente y meta de toda bendición. El gozo del cielo no se encuentra tanto en unas circunstancias placenteras, como en la experiencia plena del amor infinito de Dios. Todo lo demás palidece, comparado con el hecho de que Dios ha decidido habitar por completo con los suyos, dándoles su corazón y recibiendo la adoración y el amor de ellos a cambio por edades sin fin.

Si para los musulmanes el paraíso se puede describir como el viaje más maravilloso al balneario más exquisito, para los cristianos se podría resumir como el hecho de que los pródigos por fin regresamos al hogar y al firme abrazo de nuestro Padre, la bendición de cuyo amor no conoce límites. Los placeres carnales podrán satisfacer por un tiempo, ¡pero solo el amor divino es capaz de alimentar el espíritu humano por toda una eternidad!

10

¿CUÁL ES LA SENDA DEL YIHAD?

Un joven pistolero muy seguro de sí mismo llega a *Dodge City* en busca del gallo del lugar. «Este pueblo no es lo bastante grande para nosotros dos. Haz tus maletas o desenfunda tu pistola». Así son las películas del oeste más mediocres. Ante los ojos de muchos, de esa manera transcurre la historia del islam durante sus dos primeros siglos.

En tiempos recientes, las extensas actividades terroristas realizadas por grupos que se declaran musulmanes han aumentado los debates sobre si la coerción física forma parte normativa del islam o no. Los musulmanes moderados dicen que no, alegando que el islam es una religión de paz. En su mente, no es más justo juzgar al islam por los extremistas y por las aberraciones políticas, de lo que sería embrear y emplumar al cristianismo entero a causa de las Cruzadas, la Inquisición y las cazas de brujas de los puritanos.

¿Es justa una comparación similar? ¿Les hace justicia a las enseñanzas canónicas de ambas religiones? La respuesta a estas preguntas se encuentra al menos en parte en un estudio del concepto islámico de *yihad* y en la falta de algo correspondiente en los escritos del Nuevo Testamento y en la ortodoxia cristiana.

El *yihad* de la boca, de la pluma y de la mano

La palabra *yihad* se suele traducir como «guerra santa», pero significa literalmente «lucha, esfuerzo». La expresión «guerra santa» no aparece nunca en el Corán, aunque sí sirve como expresión general bajo la cual se reúnen una serie de palabras árabes que se hallan en él.

TÉRMINO ÁRABE DEL CORÁN	VECES EN EL CORÁN	SIGNIFICADO DEL TÉRMINO
qital	33 veces	Luchar con un arma para matar o someter
harb	6 veces	Ataque militar o guerra contra los incrédulos
yihad	28 veces	Una lucha contra el mal que toma muchas formas: corazón, labios, pluma, mano y espada

A todos los musulmanes se les llama a entregarse al *yihad* del corazón, que halla un cierto paralelo en la enseñanza cristiana de matar a la naturaleza pecadora. Mahoma ordena con claridad que hace falta dedicarse a luchar contra las propias tendencias pecaminosas de uno, aunque en esto no se reciba la ayuda de una nueva naturaleza que reside en el corazón por medio del Espíritu Santo, como lo comprenden los cristianos. Al *yihad* del corazón, la boca y la pluma, a veces se le considera el «*yihad* espiritual», sobre todo entre los chiitas (el mayor partido de minorías del islam, que constituyen cerca del diez por ciento del mundo musulmán).

Se comprende el «*yihad* de la boca» de dos formas relacionadas. Su meta consiste en socavar la oposición al islam mediante las palabras, ya sea bajo la forma de una discusión verbal (lo cual halla su paralelo cristiano en la práctica de la apologética) o de las maldiciones y las amenazas. Esto último halla sus raíces en la Arabia preislámica, donde el arte de la poesía imprecatoria extemporánea se apreciaba como una forma de competencia verbal entre las tribus enemigas. Por lo general, se consideraba preferible la guerra de palabras a la violencia física.

Esta manera de ver las cosas continúa en el mundo musulmán de hoy. Cuando Saddam Hussein alardeaba antes de la primera guerra del Golfo de que las tropas de la coalición se iban a enfrentar a «la madre de todas las batallas» y sufrirían una derrota aplastante, se encontraba enfrascado en un *yihad* de la boca. De forma similar, los líderes del talibán en Afganistán juraron una y otra vez en el otoño del año 2001 que las fuerzas de los Estados Unidos nunca derrocarían a su gobierno, sino que retrocederían y saldrían huyendo en una ignominiosa derrota, como lo hicieron los soviéticos una década antes.

El «*yihad* de la pluma» utiliza la palabra escrita con ese mismo fin. A lo largo de estos últimos trece siglos, se ha utilizado una gran cantidad de tinta islámica para presentar a Mahoma como el hombre perfecto y el supremo profeta de Dios, y a su mensaje como la voluntad perfecta de Alá para toda la humanidad. Las doctrinas centrales de la fe cristiana, aunque tristemente malentendidas por muchos eruditos musulmanes, han sido el blanco favorito de las obras apologéticas islámicas.

El «*yihad* de la mano» trata de promover la causa de Alá contra el mal a base de realizar obras dignas de elogio. El buen ejemplo de los musulmanes en su manera de tratar a los demás y en su entrega a Dios sirve como testimonio de que su mensaje es superior y como vehículo para la proclamación de sus creencias. Aquí los paralelos con el cristiano son claros. Por ejemplo, a Francisco de Asís se le atribuye que dijera: «Prediquen el evangelio en todo tiempo; si les es necesario, usen palabras».

El *yihad* de la espada

La última forma de *yihad*, y la que más preocupa, es el «*yihad* de la espada*». No cabe la menor duda de que esta ha sido la forma primordial de comprender el *yihad* en la historia y la jurisprudencia islámica. Cuando aparece la palabra *yihad* en el Corán sin ningún modificador, o con el típico modificador «en la causa de Alá», siempre se refiere al combate armado a favor del islam. Muchas veces se enlaza con la palabra *qital* dentro del contexto del trato con los incrédulos.

Algunos musulmanes modernos le tratan de quitar importancia a esta forma de comprenderlo, alegando que en la tradición islámica, este tipo de violencia es llamado «el *yihad* menor». De hecho, esto es cierto. Según una disputada tradición del Hadit, cuando el mensajero de Alá (Mahoma) volvió del campo de batalla, dijo: «Hemos regresado todos del *yihad* menor al *yihad* mayor». Algunos de sus compañeros le preguntaron: «¿Cuál es el *yihad* mayor, oh profeta de Dios?» Él les contestó: «el *yihad* contra los apetitos». Es de suponer que el *yihad* del corazón es mayor, porque es incesante, mientras que el *yihad* de la espada solo continúa mientras haya infieles que no estén dispuestos a someterse al dominio del islam.

No obstante, esta tradición demuestra que el propio Mahoma se dedicaba constantemente al *yihad* militar y les ordenaba a sus seguidores que se dedicaran a él también. Hay fuentes procedentes del Corán, del Hadit y de las primeras biografías islámicas de Mahoma que muestran al profeta árabe activo en setenta ataques militares o batallas. El Corán afirma varias veces que Alá había predestinado que se produjeran los conflictos armados acaudillados por Mahoma, y que ya estaban escritos en los libros de los cielos. A los musulmanes se les ordena de manera explícita en doce ocasiones que se dediquen al *qital* y seis veces que se consagren al *yihad* en el camino de Alá.

Los enemigos del islam

El Corán habla con frecuencia de los enemigos del islam. Aunque en general se describen como los que se niegan a aceptar el mensaje de Mahoma, el Corán los clasifica de forma más concreta en tres grupos. Los *kufar* (incrédulos) son los que no creen el mensaje de Mahoma, sobre todo como se revela en los seis artículos centrales de fe que propone el islam: la fe en la exclusividad soberana de Alá, en los ángeles, en todos los mensajeros de Alá, en sus libros santos revelados, en el Día del Juicio y en la predestinación divina. A los que mueran en estado de *kufr* (incredulidad) los enviarán al infierno. A los incrédulos que se opongan a la expansión del islam se les deben derrotar por cuantos medios sean necesarios.

Los *mushrikun* son los que se entregan al pecado de *shirk*, que consiste en enlazar con Alá en plan de igualdad algo que pertenece al orden creado. De aquí que todos los politeístas y los idólatras caigan dentro de esta categoría. Es interesante que el Corán declare también que todos los judíos y cristianos que no acepten el islam son *mushrikun* y, por tanto, enemigos de la fe verdadera. Según el sura 5:82, los judíos en particular se hallan entre los que les tienen un odio mayor a los musulmanes, mientras que en general se describe a los cristianos como «los más amigos de los creyentes» (es decir, a los musulmanes). No obstante, se les ordena de manera específica a los musulmanes que no tengan amistad con los cristianos, los judíos o cualquiera que no sea musulmán (3:28; 4:89; 5:51).

El grupo definitivo de enemigos del islam lo forman los hipócritas. Son antiguos musulmanes, o musulmanes caídos, que reniegan en público de su lealtad a la fe, que se entregan a otra fe y de esa forma se convierten en traidores a Alá y su profeta, o quienes por su estilo de vida público demuestran una clara hipocresía en cuanto a lo que profesan con los labios. De estas formas, le hacen daño a la *ummah* (la comunidad musulmana) y se convierten en objeto de una triple maldición por parte de Alá, de los ángeles y de toda la humanidad (2:161; 3:86-87). Aunque el Corán no decreta que sean ejecutados, la ley Sharia (el sistema de leyes nacionales derivado del Corán y de las tradiciones de Mahoma) sí lo hace. En muchas comunidades musulmanas es una cuestión de honor familiar el obligar a estas personas a volver al rebaño islámico o, si no se logra, matarlas. En cuanto a la eternidad, el destino de estos hipócritas es arder en los fuegos más profundos del infierno.

Las cuatro etapas en la enseñanza de Mahoma

De esa manera, el Corán ordena el *yihad* contra los enemigos del islam. Sin embargo, los que no conocen el Corán se sienten muy confusos cuando estudian los pasajes que hablan del *yihad* de la espada, porque en ellos parece haber enseñanzas contradictorias. No obstante, los eruditos islámicos observan que las enseñanzas de Mahoma sobre el *yihad* se fueron desarrollando con el tiempo, a medida que cambiaban las circunstancias de su primera comunidad, y esta es la causa de esas contradicciones. Son evidentes cuatro etapas distintas.

1. La persuasión pacífica

Cuando el islam era un movimiento naciente y Mahoma sufría una persecución cada vez mayor por parte de su tribu en La Meca debido a su predicación sobre el monoteísmo absoluto, le aconsejaba a su pequeño grupo que se dedicara a persuadir de manera pacífica y perdonar con facilidad las transgresiones de los incrédulos. El sura 16:125-126 indica: «Llama [a todos] al camino de tu Señor con sabiduría y buena exhortación. Discute con ellos de la manera más conveniente [...] Pero, si tenéis paciencia, es mejor para vosotros». Hoy en día muchos musulmanes consideran que este es el enfoque adecuado para la comunidad musulmana cada vez que se encuentre convertida en una pequeña minoría dentro de una cultura anfitriona que no sea receptiva.

2. El rechazo de las agresiones

Cuando Mahoma huyó de La Meca en el año 622 hacia los confines más amistosos de Medina (migración conocida como la Hégira; véase el capítulo 2), el movimiento creció de manera significativa. Sus seguidores que quedaron en La Meca comenzaron a enfrentarse a serias persecuciones con pérdida de sus propiedades y amenazas de daños físicos. En gran parte, esta resistencia era una respuesta a los continuos ataques del profeta a la caravana comercial de La Meca, el medio primario usado por Mahoma para financiar su misión y su comunidad. Después, Mahoma decretaría que se permitía pelear solo para rechazar las agresiones y recuperar los bienes y las propiedades que hubieran confiscado los infieles. Así, por ejemplo, dice el sura 22:39-40a:

> Les está permitido [pelear] a quienes son atacados, porque han sido tratados injustamente. Alá es, ciertamente, poderoso para auxiliarles. A quienes [estos] han sido expulsados injustamente de sus hogares [sin causa alguna], solo por haber dicho: «¡Nuestro Señor es Alá!».

Al cabo de algunos meses, este permiso de pelear en defensa propia se convirtió en una obligación religiosa. Los creyentes se

183

debían dedicar a guerrear contra los que iniciaran las hostilidades contra la comunidad musulmana o sus intereses.

> Combatid por Alá contra quienes combatan contra vosotros, pero no os excedáis. Alá no ama a los que se exceden. Matadles donde deis con ellos, y expulsadles de donde os hayan expulsado [...] Así que, si combaten contra vosotros, matadles: esa es la retribución de los infieles. (2:190-191)

Observe cómo en este punto Mahoma demuestra gran preocupación de que las luchas se mantengan dentro de unos límites dispuestos en sentido estricto. El *yihad* no debía dar licencia para ejercer la violencia de manera indiscriminada en el nombre de Alá.

3. De la defensiva a la ofensiva

Al desarrollarse la doctrina sobre el *yihad*, Mahoma enseñó que los que sacrificaran la vida en batalla por la causa de Dios, tendrían garantizada su admisión al nivel más alto del cielo, recompensa nada pequeña en una religión donde de otra forma la esperanza del cielo depende de una obediencia casi perfecta a la ley divina. También al contrario, los musulmanes con buenas capacidades físicas que se negaran a acudir cuando se les convocaran, sufrirían el castigo divino (9:38-39). No solo eso, sino que Mahoma decretó que todo botín tomado en las conquistas se debía distribuir entre los *mujaidines* (los dedicados al *yihad*). En el Corán hay nueve versículos que hablan de manera concreta del botín y de la forma adecuada de distribuirlo. Otros treinta versículos se refieren al trato dado a los esclavos (los prisioneros) ahora propiedad de los musulmanes como resultado de la división del botín procedente de las victorias en la batalla. No es de sorprenderse que el número de musulmanes dispuestos a dedicar su vida a la guerra santa aumentara de forma notable a partir de este momento[1].

Esta tercera etapa de desarrollo hizo pasar el *yihad* de una naturaleza defensiva a otra ofensiva. Ahora eran los musulmanes los que debían tomar la iniciativa en la guerra, pero no debían atacar durante los cuatro meses sagrados (reconocidos por todas las tribus de la península Arábiga como meses para el peregrinaje a los diversos santuarios religiosos de La Meca y de otras partes). «Cuando hayan transcurrido los meses sagrados, matad a los asociadores [paganos] dondequiera que les encontréis. ¡Capturadles! ¡Sitiadles! ¡Tendedles emboscadas por todas partes! Pero si se arrepienten, hacen la azalá [las oraciones] y dan el azaque [limosna], entonces ¡dejadles en paz!» (9:5).

4. El *yihad* expansionista

La etapa final de desarrollo del concepto coránico sobre el *yihad* quitó todas las barreras cuando se podía iniciar la batalla por la causa de Alá. Los ataques militares contra los no musulmanes, cuando iban acaudillados por un líder musulmán reconocido, se consideraban apropiados en todo tiempo y en todas las tierras que aún no se hubieran rendido a los ejércitos del islam.

> ¡Combatid contra quienes, habiendo recibido la *Escritura* [esto es, los judíos y los cristianos], no creen en Alá ni en el último Día, ni prohíben lo que Alá y Su Enviado han prohibido, ni practican la religión verdadera, hasta que, humillados, paguen el tributo [la *jizya*: un tributo casi siempre humillante que se les exigía a los no musulmanes vencidos] directamente! (9:29).

¿Cuál de estas etapas debe ser la normativa para el islam? Según la jurisprudencia corriente en el mundo islámico, es la cuarta (esto es, el *yihad* expansionista), comprendida como una lucha armada contra los infieles, tanto si han atacado o no la comunidad musulmana. Según la ley de abrogación dentro de la hermenéutica coránica (véanse los suras 2:106; 13:39; 16:103), cuando hay un conflicto o un cambio en las enseñanzas, la revelación posterior siempre vence a los textos anteriores.

De aquí que la definición primaria del *yihad* siempre comprenda la obligación de ofrecer los recursos materiales de uno para la causa de Alá y luchar militarmente, si es necesario, contra el mundo infiel hasta que se rinda de manera voluntaria al dominio de Alá, tal como se expresa de forma religioso-política en la ley Sharia. El *yihad* es un deber que le corresponde a la comunidad musulmana internacional mientras siga habiendo resistencia alguna al dominio universal del islam. Por ese motivo, en los círculos islámicos la línea cronológica del *yihad* se enmarca en máximas como las de «hasta el Día de la Resurrección» o «hasta el fin del mundo».

En el momento de morir Mahoma

Está claro que el *yihad* expansionista era el que entendía la comunidad musulmana en la época de la muerte de Mahoma. En el transcurso de un siglo a partir del nombramiento de Abu Bakr, el primer califa, el dominio del islam se extendió desde ser una religión limitada a la península Arábiga, hasta convertirse en un imperio que alcanzaba todo el norte de África y España al oeste, y a través del Asia hasta la India por el este. Los ejércitos musulmanes barrieron con los remanentes de los dominios bizantinos y de los persas Sasánidas, encontrando muchas veces muy poca resistencia directa, pero peleando donde fuera necesario. Ya al final del segundo siglo a. h. (*Anno Hijra*[2]), las conquistas territoriales musulmanas habían llegado a su punto más alto, y la jurisprudencia islámica había definido por completo cuáles eran las formas de conducta y las condiciones apropiadas que gobernaban la «guerra santa». Estas leyes, que forman parte de la

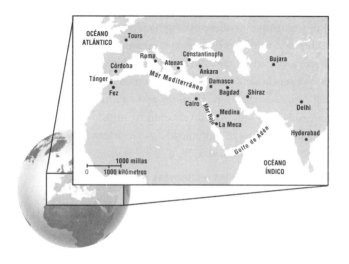

ley Sharia en la actualidad, las desarrollaron los juristas musulmanes a partir de su estudio del Corán y de las «inspiradas» prácticas de Mahoma (tal como se relatan en el Hadit y en sus biografías autorizadas).

El conjunto general de la ley Sharia comprende dos secciones principales: una de ellas tiene que ver con las normas divino-humanas y la otra con las relaciones entre los seres humanos. Cada una de estas secciones se divide a su vez en dos categorías: las leyes que se refieren a la conducta y los intereses personales individuales, y las leyes que abarcan cuestiones públicas comunales (las leyes criminales). El cuerpo de leyes que se refiere al *yihad* cae dentro de esta última categoría.

La importancia de este asunto para el islam primitivo queda demostrada por el hecho de que, en el desarrollo de estas leyes relativas al *yihad*, se tienen en cuenta y se citan noventa y cuatro textos coránicos distintos. En comparación, este número deja muy pequeños a los números de versículos tenidos en cuenta para la formación de leyes en cualquier otro aspecto (por ejemplo, la oración, el matrimonio, la herencia, etc.). No queda duda alguna de que para la comunidad musulmana naciente, la «guerra santa» (tal como la definen los términos *yihad* y *qital*) se comprendía ante todo como un llamado al conflicto armado, y la regulaban leyes para asegurar su legitimidad de acuerdo con el Corán y con las tradiciones reconocidas.

El contraste entre las respuestas de dos religiones

Quizá no sorprenda que estas leyes definidoras hagan un estrecho paralelo con las condiciones de la «guerra justa» señaladas por Agustín dentro de la tradición cristiana occidental. El *yihad* solo se puede llevar a cabo bajo la debida organización del gobierno; debe evitar los daños a los no combatientes, a los rehenes, a los prisioneros y a las propiedades (en especial los árboles y el paisaje), y su meta final debe ser el establecimiento de la justicia y la paz. Para el islam, no obstante, las causas de la justicia y la paz son sinónimas con el avance del estado musulmán, porque la política y la espiritualidad se hallan unidas de manera inseparable en el sueño de un mundo bajo el dominio total de Alá y sus seguidores. Por lo tanto, aunque los principios de la «guerra justa» no apoyan en teoría la idea de establecer el reino de Dios por la fuerza, la doctrina islámica del *yihad* lo hace sin pedir disculpas de ninguna clase.

Que esto es cierto, lo podemos ver por las respuestas tan dispares de las dos religiones al historial de violencia con fines políticos que hay en sus respectivas tradiciones históricas. Cuando la iglesia ha vuelto la mirada a sus juegos de poder coercitivo reflejados en las Cruzadas, la Inquisición y cosas semejantes, su respuesta suele ser casi siempre una respuesta de vergüenza y arrepentimiento, porque las enseñanzas de Jesús evitan la fuerza como manera de realizar la voluntad de Dios en la tierra. Cuando la iglesia deja de enfocarse en los hechos de que el reino de Dios se establece por la actuación divina y no por el poder humano, que Jesús declaró que su reino «no es de este mundo», que «los que a hierro matan, a hierro mueren», que los términos de conquista empleados por Jesús se basaban en el amor sacrificado y no en la aplicación del poder militar, económico o social, es entonces cuando se ha vuelto a los métodos del mundo que la rodean, con consecuencias desastrosas.

Por contraste, cuando la *ummah* del islam se enfrenta a su historia de coerción y expansión, no existe la correspondiente vergüenza ni arrepentimiento, pues el islam enseña en sus fuentes más autorizadas que la fuerza es justificable en la causa de Alá. Por cierto, muchos musulmanes vuelven la vista a los tres primeros siglos del islam como los años dorados de su herencia y añoran el regreso a su antigua influencia mundial. Lejos de lamentarse por sus conquistas del pasado, el islam se enorgullece de su herencia.

Explicación de la violencia del Antiguo Testamento

Los críticos del cristianismo señalan que los libros históricos del Antiguo Testamento presentan a Dios ordenándole a Israel que ejerza una violencia militar tan sangrienta como todo lo que pueda haber en el Corán. Es bastante cierto. Sin embargo, hay algunas diferencias vitales que se deben tener en cuenta. (1) Estos mandatos se enmarcan en función de un juicio divino sobre las naciones paganas que habitaban en la Tierra Prometida. Israel debe echar a esas naciones, no solo para poseer la tierra, sino como expresión de la santidad de Dios. Además, se le advierte que si no obedece a Dios, a él también lo van a echar de la tierra.

(2) Una vez en Canaán, Dios nunca le ordenó a Israel que se dedicara a la conquista sistemática del resto del mundo. Más bien se le llamó a actuar por medio de su vida con Dios como luz para las naciones, las cuales se atraerían al culto del único Dios verdadero mediante su santo ejemplo.

(3) La historia de Israel como nación política tiene una aplicación limitada a la razón de ser de la iglesia en el mundo de hoy. La batalla primordial de la iglesia se halla resumida en Efesios 6:10-18, recordándonos que nuestra lucha no es contra carne ni sangre, sino contra los poderes espirituales de las tinieblas. Compare los tres primeros siglos de la expansión cristiana con los tres primeros siglos de la expansión islámica, y verá de inmediato la diferencia empírica entre las formas en que ambas religiones se propagaron: el islam, en gran medida por la amenaza o el ejercicio de la fuerza; el cristianismo, mediante la proclamación pacífica y el ejemplo del amor.

El contrastante punto de vista de Mahoma y el de Jesús

Dos ilustraciones finales servirán para mostrar el gran contraste de perspectivas entre los fundadores de ambas religiones en cuestión. Cuando a Jesús lo arrestaron en el huerto de Getsemaní, los discípulos tomaron sus armas. Es más, Pedro desenvainó la suya y le cortó la oreja a uno de sus enemigos. Jesús les ordenó de inmediato a sus seguidores que se calmaran y declaró que la violencia no es el medio adecuado para cumplir la voluntad de su Padre. Según Mateo 26:53, Jesús afirmó que si Él hubiera querido obtener una victoria militar, todo lo que habría necesitado era orar a su Padre, quien hubiera puesto a su «disposición más de doce batallones de ángeles». Sin embargo, no lo hizo. La rebelión se enfrentó con el amor, y la animosidad con el perdón.

Más aun, mientras pendía de la cruz, Jesús oró a su Padre a favor de los que habían demostrado ser sus enemigos, diciéndole: «Padre [...] perdónalos, porque no saben lo que hacen» (Lucas 23:34). El amor a los enemigos y el sacrificio para lograr su reconciliación con Dios son el camino de Jesús.

Según Sahih al-Bukhari (4:280b), una de las diversas historias que se repetían acerca de Mahoma era la siguiente:

Anas bin Malik dijo: «El Apóstol de Alá entró [a La Meca] en el año de la conquista [de La Meca], llevando un casco en la cabeza». Después que se lo quitó, se acercó un hombre y dijo: «Ibn Khatal [uno de sus enemigos paganos] está aferrado a las cortinas de la Kaaba [conducta reconocida como petición de misericordia]». El profeta dijo: «Mátenlo».

Aunque de seguro hay lugar para el debate sobre hasta qué punto los cristianos y los musulmanes han seguido a lo largo de la historia las enseñanzas de sus líderes respectivos, no hay duda alguna en cuanto al contraste entre la visión de Jesús y la de Mahoma en cuanto a la forma en que se debe propagar el reino de Dios en la tierra. Por lo tanto, mientras que la teoría agustiniana de la guerra justa ha desempeñado un papel un tanto menor en la expansión del cristianismo por el mundo, el *yihad* ha estado en el corazón mismo de la expansión del islam.

¿Militancia o moderación?

Tal vez hoy más que nunca, el islam se enfrente en el mundo entero a una aguda lucha interna entre la militancia fundamentalista por una parte, que lee el Corán de manera literal (y ha reunido inmensas cantidades de tradiciones para apoyar sus puntos de vista), y el islam moderado por otra, que busca propagar la fe de manera pacífica o solo vivir sin llamar la atención en los ambientes multiculturales. El enfoque militante se ha hallado tras la mayoría de los conflictos regionales en las últimas décadas, que por ironía han estallado sobre todo en tierras dominadas por musulmanes y se han presentado por uno u otro de los lados contrarios como un *yihad* contra enemigos de la fe.

El que esta tendencia continúe o no, dependerá en última instancia de quién gana el corazón de las masas con la imagen más atractiva del islam: si los moderados con su anhelo de coexistencia pacífica y mejora de la humanidad a través de la reforma moral y la propagación pacífica del islam, o los musulmanes militantes con su clamor por un regreso a los primeros caminos del islam y el uso de la fuerza contra todos los que se nieguen someterse a su visión estricta, aunque tradicional. El mundo espera los resultados de esta lucha sin atreverse a respirar, preocupado por la posibilidad de un cataclismo futuro.

El llamado a ser pacificadores

En medio de todo esto, la Iglesia de Jesucristo tiene el llamado a desempeñar el papel de pacificadora, de acercarse a todos con un amor genuino, pero sobre todo en estos momentos al mundo musulmán. Jesús nos ordena que amemos al musulmán como prójimo nuestro, procurando sus mejores intereses, mientras procuramos los nuestros. Aunque no podemos decidir nosotros por el mundo islámico qué camino va a escoger, sí podemos escoger nuestro propio camino, el camino de la cruz, el estilo de vida que está dispuesto a entregarse por el bien de los demás, incluso de los que nos llaman «enemigos». Ese era el camino de Jesús. Y ese debe ser el camino de los suyos.

EPÍLOGO:
EL RIESGO DE LA IGNORANCIA

¿Para qué dedicar un libro entero al Corán? ¿Acaso no es este un tema que solo les interesa a los musulmanes y a los eruditos en cuestiones religiosas? De ningún modo. A medida que el islam, la religión del Corán, sigue avanzando por el mundo entero, va creciendo la necesidad de comprender mejor el libro santo musulmán. Hay grandes riesgos en mantenerse ignorante con respecto a la religión y la revelación de Mahoma: los riesgos de la apatía, de la incomprensión, de los estereotipos pecaminosos o de la aceptación ingenua por una parte, y el riesgo de la relación irreflexiva de cualidades diabólicas por otra. Estos riesgos lo único que hacen es crecer mientras más se mezclan los musulmanes con la población actual de los Estados Unidos.

La semana pasada, una dama nunca antes vista, me llamó para pedirme consejo sobre una Biblia que quería comprar para un joven amigo musulmán. Estaba saliendo con una joven cristiana y quería saber más acerca del cristianismo. Ayer, después de nuestro culto de adoración del domingo, una recién graduada universitaria me habló de una buena amiga suya que se casará el próximo año en Pakistán, en una boda musulmana tradicional. Esta joven de mi iglesia, deseosa de evitar toda posible ofensa cultural o religiosa, quería saber qué clase de regalo sería adecuado para la celebración de este compromiso.

Hace veinte años, este tipo de preguntas habría sido muy poco común en mi vida. Ahora las oigo con regularidad, no porque haya desarrollado un perfil personal más elevado, sino porque las olas de la vida islámica están lamiendo de manera incesante las costas de la iglesia en los Estados Unidos. La mayoría de los estadounidenses aún saben muy poco acerca del islam, y a menudo lo que creen que saben se ha moldeado más por caricaturas que por hechos. Sin duda, después de los fanáticos ataques terroristas del 11 de septiembre de 2001, son muchos los occidentales a los que les asusta la idea de tener trato alguno con los musulmanes o con gente «de aspecto islámico», cualquiera que sea el significado de esto para los ojos inexpertos.

Donde hay ignorancia, muchas veces también hay temor, aun cuando la inmensa mayoría de los musulmanes en Estados Unidos les interese ser buenos vecinos, disfrutar de las libertades que ofrece nuestra Constitución y ser útiles colaboradores en la sociedad estadounidense. Es lamentable que muchos estadounidenses igualen ser árabe o musulmán con una inclinación a la violencia y al terrorismo, y sientan una profunda preocupación por el crecimiento del islam y la enseñanza del Corán en los Estados Unidos, y la propagación de ideas tomadas del Corán.

¿Pepsi-Cola o Coca-Cola?

Muchos cristianos se preocupan por una razón distinta del todo. Escuchando informes de que quizá el islam sea la religión de más rápido crecimiento en este país (en cuanto a porcentaje de crecimiento, es decir, no en cuanto a números reales), los seguidores de Cristo se lamentan que cada vez sean más las personas que se estén volviendo al islam, antes que a Cristo, en busca de seguridad en la vida y en la muerte. Al extraño que carece de convicciones religiosas, esto le puede parecer una pequeña disputa sobre las acciones del mercado, algo así como la competencia entre la Coca-Cola y la Pepsi-Cola por alardear de tener los derechos sobre una nueva generación de consumidores. Sin embargo, para musulmanes y cristianos por igual, lo que está en juego es infinitamente superior.

Ambos movimientos tienen la orden por parte de sus fundadores de alcanzar al mundo con su mensaje. De todas las grandes religiones del mundo, estas dos son con mucho las que tienen mayor mentalidad misionera. Más aun, ambas son exclusivistas cuando se llega al tema de la salvación, enseñando que la forma en que sus oyentes respondan solo a su mensaje es la que determinará su destino en el cielo o en el infierno. Tanto el islam como el cristianismo creen que la esperanza del mundo se halla atada de manera exclusiva a sus respectivos planes de salvación, aunque contradictorios, de manera que por necesidad creer a una religión significa rechazar a la otra. Por esta razón básica, el cristianismo y el islam nunca podrán ser simples competidores, como la Coca-Cola y la Pepsi-Cola, sino que se mantendrán como rivales a un nivel cósmico, pues los riesgos son de consecuencias eternas. Debido a que no pueden existir concesiones en estas cuestiones de importancia máxima, las dos creencias siempre se mantendrán en oposición con respecto a sus metas.

Entonces, cuando los cristianos piensan en el más o menos rápido ascenso del islam en el occidente, tienen causa para sentir aprensión. Hay dos preguntas que es imprescindible hacerse:

- ¿Cuál es la causa de este rápido aumento en el número de musulmanes en nuestros medios?

- ¿Cómo debe responder la iglesia (y cada cristiano en particular) al reto de una comunidad musulmana creciente a nuestro alrededor?

Las razones para el crecimiento del islam

Debo comenzar por afirmar que gran parte del crecimiento reciente del islam en el occidente se debe a dos realidades sociológicas. Los musulmanes forman un gran porcentaje de los inmigrantes que vienen del África, del Oriente Medio y de Asia, y de esta manera aumentan en gran medida el número de musulmanes en el occidente, no por conversión, sino por reasentamiento. En segundo lugar, las parejas musulmanas que no son occidentales tienden a tener un número mayor de hijos que la familia promedio occidental, y de esta manera hay parte de este notable aumento numérico que se debe a una proporción más activa de nacimientos. No obstante, una vez reconocidas estas importantes realidades, sigue siendo cierto que el islam también está creciendo a través de conversiones de personas no musulmanas al islam. En nuestro propio contexto estadounidense, las razones para esto son por lo menos cinco.

(1) La primordial de ellas es el vacío espiritual que ha invadido a nuestra cultura. A medida que la iglesia ha ido perdiendo a lo largo de los dos últimos siglos sus amarras para irse yendo a la deriva y perdiendo influencia en la sociedad estadounidense, nuestra cultura ha ido perdiendo cada vez más su peso espiritual y moral. Aunque han sido muchos los contendientes que han tratado de llenar ese vacío dejado por una iglesia en retroceso e ineficaz, ninguno de ellos ha sido lo bastante sustancial para desafiar el lugar del evangelio en la vida estadounidense, hasta la llegada del islam a nuestras playas. Mientras las denominaciones cristianas han estado peleando sobre

cuestiones bastante insignificantes, divididas en cuanto a los principios morales absolutos que son tradicionales y sustituyendo el sólido alimento del evangelio por una indefinida ética de tolerancia, el islam ha invadido con fuerza la arena pública con una cosmovisión clara y llena de confianza en sí misma, y un mensaje tomado del Corán y sin los estorbos de las concesiones culturales.

(2) A muchos estadounidenses la predicación de la iglesia les parece cansada y rutinaria, perdiendo vida mediante la multiplicación de los clichés y la aburrida repetición de unas frases hechas carentes de inspiración. El islam, en cambio, viene con un lenguaje nuevo para los oídos de los estadounidenses, y por eso suena fresco y vivo para el agotado oyente poscristiano. Aunque la mayor parte de la ética básica y de las enseñanzas espirituales del islam se encuentran en el cristianismo, aparecen revestidas de nuevos ropajes y se presentan como atractivas y distintas. Las mismas enseñanzas que provocan un bostezo cuando las presenta un predicador, evocan emoción cuando las proclama un imán. Al fin y al cabo, la verdad siempre es verdad. Lo que ha cambiado es la disposición a escuchar algo que le parece nuevo y misterioso a un público occidental desinformado.

(3) El islam les hace exigencias radicales a sus seguidores, y no se disculpa por ello. Los que se someten a sus exigencias suelen pasar por cambios sísmicos en sus creencias y en su estilo de vida. Muchas personas se sienten atraídas a una religión que exija una lealtad absoluta; algo por lo que valga la pena morir. Y, por supuesto, algo por lo que valga la pena morir es también algo por lo que vale la pena vivir.

Sin duda, este llamado a la lealtad absoluta también caracteriza al cristianismo bíblico. Jesús mismo dijo: «Si alguien quiere ser mi discípulo, tiene que negarse a sí mismo, tomar su cruz y seguirme.

Porque el que quiera salvar su vida, la perderá; pero el que pierda su vida por mi causa, la encontrará» (Mateo 16:24-25; véase también 10:37). Pablo, el gran misionero apostólico, escribió en Filipenses 1:21 unas palabras que muy bien se habrían podido considerar como su lema: «Porque para mí el vivir es Cristo y el morir es ganancia». No obstante, ¿con cuánta frecuencia vemos tanta pasión y tanta consagración hoy en la iglesia occidental? Demasiado a menudo, el evangelio que aceptamos se ha domesticado y castrado. Es para acariciarlo y admirarlo, pero contadas veces le permitimos salir de su jaula.

Las audaces exigencias de Cristo sobre nuestra vida se han debilitado hasta un punto tal, que en muchas de nuestras iglesias ser cristiano es algo que parece exigir poca o ninguna fe o acción para distinguirnos de un humanista secular acomodado. Los de fuera que miran la iglesia hallan pocos distintivos positivos que separen a la subcultura cristiana de la cultura general de la vida estadounidense. Por eso no sorprende cuando buscadores con hambre espiritual hallen musulmanes consagrados a un estilo de vida contracultural con un estándar más elevado que la cultura normal, se sientan impresionados y atraídos.

(4) El islam también indica sin pedir disculpas qué hacer y qué no hacer en la vida. Rodeada por todo un mar de gris, la certeza moral de los mandatos del islam se destaca con fuerza en blanco y negro. De esta forma, en una época postmoderna y llena de relatividad ética en la cual muchos se sienten incómodamente a la deriva en lo moral y añoran la existencia de una autoridad que les diga cómo actuar, el islam les proporciona un refugio en el cual poder tirar su ancla. Al creyente no se le exige comprender cómo encajan entre sí todos los mandatos y los tabúes para formar una cosmovisión completa, solo debe obedecer lo que los eruditos del islam

han escrito en la ley Sharia, tal como la interpreta un imán o un juzgado.

(5) El islam ha vuelto a captar en la segunda mitad del siglo XX la visión original de su fe sobre una conquista del mundo en el nombre de Alá. Después de una hibernación relativa a partir del derrumbe del Imperio Otomano en 1924, los grupos islámicos se mueven de nuevo con entusiasmo hacia el mundo y ahora extienden su influencia a territorios que hasta el momento casi no se habían alcanzado, incluyendo Europa y los Estados Unidos. Renovados por el celo misionero, muchos musulmanes propagan sus creencias y prácticas con una profunda convicción que pocas veces la igualan otros grupos, en los que se incluye la mayoría de los cristianos de esta nación.

Un punto de entrada en la comunidad afroamericana

Al menos por estas razones, la religión del Corán se está convirtiendo en un jugador formidable dentro de la escena religiosa de los Estados Unidos. En particular, ha hecho notables avances dentro de la comunidad afroamericana. Mientras que las razones para esto son sin dudas complejas y van más allá del alcance de este epílogo, podemos hacer varias observaciones con cierto grado de seguridad.

(1) Demasiado a menudo la iglesia estadounidense no ha sabido presentar con toda transparencia mediante su proclamación y su estilo de vida que el evangelio de Jesucristo es buena nueva para la gente *de todas las razas, todos los grupos étnicos y todas las posiciones sociales*. Como afirma el apóstol Pablo, gracias a la obra divina de salvación en Cristo, ya no hay judío ni griego, esclavo ni libre, hombre ni mujer (y nosotros podríamos añadir: «ni blanco ni negro, ni rico ni pobre»), porque todos somos uno en Cristo Jesús (Gálatas 3:28). La pecaminosa mancha del racismo en la iglesia ha

contribuido de seguro a que la comunidad afroamericana busque en otros lugares su hogar espiritual. Muchos identifican el cristianismo con «los blancos» y con la odiosa institución de la esclavitud en nuestro país, que se remonta a los tiempos coloniales. Estas personas, con razón o sin ella, han desechado el cristianismo, pero siguen teniendo hambre de sustento espiritual. El islam pretende satisfacer esta necesidad, y muchos se vuelven a él con una ferviente esperanza.

(2) Otros afroamericanos, en su búsqueda de identidad, miran atrás a sus raíces africanas y razonan que como el islam debe haber sido la religión de sus antepasados, también debe ser la suya. Aunque esta lógica es muy dudosa (por lo menos existe la misma probabilidad de que sus antepasados fueran cristianos o animistas, puesto que ambas orientaciones religiosas precedieron al islam en el continente africano), sirve con todo a un propósito de tipo sociológico al capacitar a los afroamericanos para sentir que se conectan con sus raíces y establecer una exclusiva identidad separada de la «religión cristiana blanca establecida», pero igual a ella, si no mayor que ella.

Este enfoque racial de la afiliación religiosa parece ejercer una gran atracción en particular para los afroamericanos encarcelados en las prisiones federales y estatales, donde la lealtad a la raza de uno por encima y contra otros grupos se considera como esencial. Una de las marcas de esa lealtad es la adopción del islam como «la religión del negro», en contraste con los que abogan por la supremacía de los blancos o los cristianos nacidos de nuevo.

El peligro de darle un mal uso al islam como religión nativa de cualquier raza (cosa que evade el propio islam ortodoxo) es que una mentalidad así degenera con facilidad para convertirse en racismo religioso. La persona encuentra su identidad, no tanto en el propio islam, como en ser de color y tener su religión exclusiva, cerrada a los de otras razas (en este caso, a los blancos en particular). El movimiento Musulmanes Negros, que cobró fuerza en los tumultuosos años sesenta y se sigue presentando hoy bajo el carismático liderazgo de Louis Farrakhan, es un triste testamento de este tipo de perspectivas.

Para hacerle justicia al islam, los musulmanes ortodoxos siempre han repudiado el movimiento Musulmanes Negros, el cual proclamaba que su líder, Elijah Muhammad, era un verdadero profeta, cuyas enseñanzas suplantaban a todas las anteriores a él, incluyendo al profeta árabe Mahoma. En las décadas más recientes, el hijo de Elijah Muhammad ha alejado a sus seguidores de la herejía de su padre a fin de llevar a la mayor parte de ellos al rebaño ortodoxo. No obstante, le ha sido difícil hacer que esta transición prenda entre sus seguidores afroamericanos, y hace poco se retiró de su papel de líder, frustrado por la indolente respuesta de los líderes que se hallaban bajo su liderazgo en cuanto a meterse en la corriente principal del islam. El futuro de este movimiento sigue siendo en gran medida una pregunta sin respuesta, pero no se puede negar que el islam encuentra un público muy receptivo en la subcultura afroamericana.

Un reto para la iglesia de hoy

En muchos sentidos, el relativo éxito del islam en nuestros medios debe servir como represión a la iglesia de Jesucristo, por el pobre testimonio que hemos dado sobre la gracia y la verdad del Señor. Por el bien de los musulmanes y de todos los demás que se hallan hambrientos de hallar una conexión con un dios personal, los cristianos debemos asegurarnos que los muros divisorios de hostilidad entre humanos que Cristo destruyó en la cruz no se reconstruyan mediante nuestros propios pecados de racismo o de apatía. Debemos adoptar por completo la verdad de que las distinciones en el color de la piel o en el trasfondo étnico no tienen lugar en el cuerpo de Cristo, y actuar de acuerdo a esa verdad. A todos los seres humanos se les recibe por igual y con el mismo amor en el reino de Dios cuando acuden arrepentidos a Jesucristo y ponen en Él su confianza. Debemos aceptar y defender de una forma clara e inequívoca las verdades fundamentales de la fe cristiana y, como discípulos del Señor, poner en práctica las normas éticas del evangelio[1].

Debemos admitir la verdad de que el cristianismo y el islam siempre seguirán siendo oponentes, y es muy probable que lo sean cada vez más a medida que se desarrolla este siglo XXI. Por consiguiente, los cristianos necesitamos conocer mucho más las enseñanzas del Corán y las prácticas del islam, a fin de tener una capacidad mayor para explicarles a los musulmanes la razón de la esperanza que tenemos en nuestro interior gracias a Jesucristo. El importante campo de la apologética se ha enfocado de manera casi exclusiva en los desafíos del modernismo, y de manera más reciente, del postmodernismo. Necesitamos volver a llenar nuestro arsenal de herramientas intelectuales, dejando a un lado los recursos del debate sobre la Ilustración y fabricando nuevos medios que ayuden a abrir la mente y el corazón de los musulmanes a las incomparables excelencias de Jesucristo.

Nos debemos convertir en embajadores activos del amor de Cristo, incluso hacia los que se proclaman enemigos jurados de la cruz. Aunque en el mundo musulmán haya algunos que llamen a un *yihad* contra todos los infieles, nosotros debemos actuar de acuerdo con la misión que nos ha encomendado nuestro Maestro y amar a los musulmanes junto con todos los demás prójimos nuestros. El famoso pasaje juanino que dice: «Porque de tal manera amó Dios al mundo...» incluye tanto a los musulmanes en el amor de Dios, como a cualquier otro ser humano.

Debemos poner nuestra seguridad en la obra soberana de Dios. La actual llegada de inmigrantes musulmanes le proporciona a la iglesia de los Estados Unidos unas oportunidades magníficas de alcanzar gente que hace cincuenta años nunca habríamos soñado conocer siquiera. En lugar de reaccionar con temor, debemos hallar gozo y emoción en el hecho de que Dios nos haya traído el campo misionero a nuestro propio patio (en algunos casos, así es literalmente).

Puesto que Dios ya triunfó contra el pecado, la muerte y el diablo en la cruz de Cristo, podemos sentirnos tranquilos en el conocimiento de que sus planes y sus propósitos son inexpugnables. De acuerdo con lo dispuesto por su voluntad y designio soberanos, al final será el evangelio el que prevalecerá. A nosotros nos corresponde la responsabilidad de orar por la renovación de la iglesia, por nuestra propia renovación personal, y por una nueva sensibilidad en el mundo que nos rodea y que Dios nos use con amor y poder a fin de alcanzar con eficacia al mundo para Cristo. Entonces tenemos que dar un paso al frente en fe.

La vuelta al primer amor

Sin embargo, para que todos los imperativos anteriores sucedan en realidad, para que la iglesia se vuelva eficiente de verdad como cuerpo misionero al mundo musulmán, una cosa por encima de todo lo demás es primordial y precede a todas las otras prioridades. Nosotros, la novia de Cristo, debemos enamorarnos de nuevo de nuestro Novio. Debemos vivir con una pasión que nunca se canse de cantar sus alabanzas y disfrutar de su presencia. Una vez más nos deben maravillar las dimensiones de su gracia sin límites, lo largo y lo ancho, y lo alto y lo profundo de su abnegado amor, la incansable

naturaleza de su corazón, que persigue a los rebeldes, no para eje-
cutarlos como se merecerían, sino a fin de ganarlos para su reino
y hacer llover sobre ellos unos dones inmerecidos.

Solo entonces, cuando hayamos descubierto de nuevo nuestro
primer amor y nos sintamos embriagados de Cristo, tendremos
algo irresistible que decirle al mundo musulmán, algo lo bastante
poderoso para liberarlos de la esclavitud a la palabra escrita del
Corán y llevarlos a la libertad del Espíritu viviente de Dios.
Entonces, creo con todo mi ser que cuando hablemos desde un
corazón cautivado por Cristo, el mundo musulmán nos va a prestar
atención; por cierto, no solo el mundo musulmán, sino con ellos
los hindúes, los budistas, los taoístas, los agnósticos y los ateos;
gente de toda tribu, lengua, tierra y nación, porque entonces
Jesucristo, Dios Hijo, se glorificará de manera digna como Señor
y Salvador, junto con Dios Padre y Dios Espíritu Santo, un solo
Dios uno y trino, del cual fluye todo amor auténtico. Solo entonces,
creo yo, comenzaremos a ver cumplidas estas palabras del profeta
Isaías:

> En aquel día habrá una carretera desde Egipto hasta Asiria.
> Los asirios irán a Egipto y los egipcios a Asiria, y unos y otros
> adorarán juntos. En aquel día Israel será, junto con Egipto y
> Asiria, una bendición en medio de la tierra. El Señor Todo-
> poderoso los bendecirá, diciendo: «Bendito sea Egipto mi
> pueblo, y Asiria obra de mis manos, e Israel mi heredad».
> (Isaías 19:23-25)

Quiera el Señor Jesús llevar a cabo esto en nuestros días.

PREGUNTAS PARA COMENTAR

CAPÍTULO 1

El Corán visto con ojos musulmanes

1. El autor describe con algún detalle la forma reverente en que tratan los musulmanes los ejemplares del Corán. ¿Cree que esto es algo positivo o indicio de *bibliolatría* (una reverencia excesiva hacia la Biblia)? Compare este trato con la forma en que muchos cristianos suelen tratar los ejemplares de la Biblia, y comente la diferencia. Si nota unas diferencias de importancia, ¿por qué le parece que esto sea así?

2. El aprendizaje del Corán ocupa un lugar predominante en el programa escolar típico del mundo árabe. ¿Cuáles son las consecuencias de vivir en una cultura donde la enseñanza religiosa es obligatoria y las de vivir en la nuestra, donde no lo es?

3. Al igual que los cristianos, los musulmanes les dan un alto valor a la lectura y memorización de las Escrituras. ¿Cómo influiría este conocimiento en su interacción con alguien de fe musulmana?

4. Como observa el autor, la gente religiosa de toda clase anhela conocer y cumplir la voluntad de Dios, pero con

frecuencia recurre a las supersticiones para satisfacer su hambre. ¿Qué le parece esto y, de nuevo, cómo podría utilizar este conocimiento en sus conversaciones con un musulmán?

5. Usando ejemplos tomados del capítulo, hable de algunas de las formas en que el islam parece ser una religión que consiste en obedecer reglas. Teniendo en cuenta las enseñanzas de Jesús en los Evangelios, sobre todo en sus enfrentamientos con los fariseos (véanse, por ejemplo, Mateo 12:1-12; 15:1-9), haga un contraste entre el cristianismo y el islam.

6. El autor termina el capítulo con un contraste entre la adoración islámica y la cristiana. ¿Cuáles son algunas de las diferencias y cómo pueden afectar al concepto que tenga la persona de Dios y a sus actitudes acerca de la vida?

CAPÍTULO 2:

¿De dónde vino el Corán?

1. El autor afirma: «El Corán y Mahoma tienen una relación de tipo simbiótico. Es casi imposible hablar de uno de los dos sin incluir de alguna forma al otro». ¿Estaría de acuerdo en que existe una relación similar entre la Biblia y Jesucristo? Explique su respuesta.

2. Usando la información biográfica que le proporciona el autor, haga una comparación y un contraste entre la vida de Mahoma y la vida de Cristo. Además, comente la idea de que uno de ellos afirmaba *traer* la palabra de Dios (Alá), mientras que el otro afirmaba *ser* la Palabra

hecha carne. ¿Preferiría comparar a Mahoma con alguien como Moisés, Pablo o Cristo? ¿Por qué?

3. Tanto los musulmanes como los cristianos sostienen que sus Escrituras son inspiradas por Dios, pero no es posible aceptarlas a las dos como supremas en veracidad, puesto que señalan en unas direcciones muy distintas. ¿Cómo resuelve este conflicto entre ambas afirmaciones, en especial cuando conversa con amigos o conocidos musulmanes? (Haga un contraste entre el hecho de que a veces Mahoma corregía o revisaba los pasajes del Corán y la enseñanza cristiana de que la Biblia es infalible; es decir, incapaz de errar.

4. Como señala el autor, Mahoma desarrolló una inflexible entrega al monoteísmo en una cultura politeísta en gran medida. ¿Qué circunstancias cree que quizá contribuyeran a sus creencias? ¿Cómo podría ser algo positivo la adhesión del islam al monoteísmo cuando se le testifica a un musulmán? ¿En qué sentido podría ser algo negativo?

5. Los musulmanes sostienen que la belleza literaria del Corán demuestra su naturaleza divina y, por tanto, su veracidad; en cambio, el autor sostiene algo distinto. Comente los dos argumentos y sus propias observaciones personales. ¿Qué otros pasajes de la Biblia, además del mencionado («Satanás mismo se disfraza de ángel de luz», véase 2 Corintios 11:14) que apoyan el punto de vista del autor?

6. Mahoma les respondía a los críticos religiosos de sus tiempos, que alegaban que los verdaderos profetas

hacían milagros, diciendo que el Corán era su milagro. Imagínese por un instante que usted es Mahoma y que se está defendiendo. Después «cambie de partido» y presente el punto de vista de sus oponentes. ¿Cuáles son las «señales» de un profeta o un apóstol cristiano?

CAPÍTULO 3:

Y la palabra se hizo... ¿papel?

1. ¿Hasta qué punto cree que es significativo que antes del Corán el pueblo árabe no tenía Escrituras en su propio idioma? ¿Qué nos dice esto acerca de la humanidad en general? ¿Qué nos dice de su deseo por espiritualidad?

2. El autor ofrece un amplio trasfondo histórico para demostrar que el Corán no existió en un texto uniforme e indiscutido desde el principio. ¿Por qué esto es importante para comprender el islam y su fiabilidad (así como la del propio Mahoma)?

3. Si se hiciera un «descubrimiento» que al parecer socava la fiabilidad de la Biblia, ¿cree que sería capaz de mantenerse firme en su fe o vacilaría? ¿Cómo lidiaría con aparentes discrepancias dentro del texto bíblico o contra ataques de los eruditos críticos sobre la Biblia?

4. Utmán, uno de los sucesores de Mahoma, valoraba la unidad política por encima de la integridad teológica. Su estandarización del Corán se ha convertido en el texto adoptado durante los trece siglos siguientes a él. ¿Cuáles son las consecuencias de que la sabiduría y los deseos humanos sustituyan a Dios, en cualquier religión?

5. A pesar del hecho evidente de que el Corán no existe en una forma inalterada, el autor exhorta a los cristianos a no mostrarles falta de respeto a los musulmanes mediante el ataque de sus Escrituras. Lo que aconseja es centrarse en una relación (con Jesús, la Palabra viva) en lugar de centrarse en un libro. ¿De qué formas prácticas podría hacer esto en sus interacciones con personas de fe musulmana?

6. Hablando de las Escrituras en una forma inalterada, ¿cómo cree que encaja la Biblia con sus numerosas traducciones y paráfrasis dentro de este comentario? ¿Cómo le respondería a un musulmán que le preguntara acerca de la fiabilidad o la necesidad de tantas versiones?

CAPÍTULO 4:

El verdadero Jesús, ¿se quiere poner de pie, por favor?

1. Responda a las palabras de Omar (véase la página 64) que comienzan con esta afirmación: «Los musulmanes tenemos un concepto de Jesús que es superior al de muchos cristianos que yo conozco». Hable de los confusos mensajes que oyen los musulmanes acerca de Cristo y de qué manera esos mensajes pueden convertirse en piedra de tropiezo para que no acepten el evangelio.

2. Compare y contraste el punto de vista del Corán y el de la Biblia con respecto a María. ¿Cómo coincide la descripción que hace el Corán de María con la actitud islámica hacia las mujeres en gran parte del mundo actual?

3. Aunque los musulmanes no tengan problema alguno en aceptar el nacimiento virginal de Jesús ni sus numerosos

milagros, rechazan de entrada su divinidad y la doctrina de la Trinidad. Usando la información que se le da en el capítulo, comente no solo en lo que Mahoma «acertó», sino por qué no llegó a creer algunas de las enseñanzas más críticas acerca de Jesús.

4. Según Mahoma, Jesús solo era uno más dentro de una larga línea de profetas con el mismo mensaje que los demás (esto es, no trajo una revelación nueva). ¿En qué forma hay un conflicto entre esa enseñanza y las enseñanzas del propio Jesús acerca de sí mismo (véase, por ejemplo, Juan 14:6)?

5. El Corán niega dos doctrinas centrales de las Escrituras cristianas: la necesidad de un Salvador (nuestra incapacidad para eliminar nuestros propios pecados) y la muerte sacrificial de Jesús en la cruz. ¿Cómo afectan esas creencias en particular a la forma en que un musulmán vive en la tierra, comparada con la forma en que vive un cristiano?

6. El autor escribe: «A los musulmanes se les gana para el verdadero Cristo de la misma forma que a la mayoría de los otros seres humanos: no con argumentos, sino con amor». ¿Está de acuerdo? Dé ejemplos sacados de su propia experiencia o de la experiencia de otras personas.

CAPÍTULO 5:

No todos los textos se crearon iguales

1. ¿Qué le llama la atención con respecto a los diversos pasajes del Corán que el autor cita a lo largo de este

capítulo? ¿En qué sentido los encuentra parecidos a la Biblia? ¿En qué sentido los encuentra distintos?

2. Al principio del capítulo, el autor cita una serie de pasajes bíblicos importantes. ¿Cuáles dos o tres pasajes incluiría usted al principio de su lista y por qué? (Puede citar otros, además de los que menciona el autor). ¿Alguno de ellos sería útil en especial al hablar con un amigo o conocido musulmán acerca de la fe cristiana?

3. El Corán ofrece más estructura y dirección que la Biblia para los que quieran leerlo de manera sistemática. Comente esto, sobre todo desde la perspectiva de los hábitos de lectura de las Escrituras que conozca en musulmanes y en cristianos. ¿Le atraen esa estructura y esa dirección? ¿Habría probabilidad de que usted leyera la Biblia con mayor asiduidad si supiera *qué* leer y *cuándo*?

4. Con una sola excepción, todos los suras o capítulos del Corán comienzan con las palabras «En el nombre de Alá, el misericordioso, el compasivo». Dado el hecho de que los musulmanes devotos repiten esas palabras muchas veces al día, ¿cómo cree que les afectan? ¿Cómo podría afectar este sentimiento a su cosmovisión? ¿A su punto de vista sobre el sufrimiento? ¿Recuerda alguna frase equivalente dentro de la fe cristiana?

5. Comente la observación hecha por el autor de que solo el sura inicial del Corán es una oración dirigida a Alá, mientras que los ciento trece restantes son las palabras de Alá a Mahoma, a la comunidad musulmana o a la humanidad en general. Haga un contraste entre esto y el gran porcentaje de la Biblia que presenta a los seres

humanos hablándole a Dios. ¿Le dice esto algo acerca de la diferencia entre el islam y el cristianismo?

6. El autor cita el sura 2, el Capítulo de la vaca: «Alá no pide nada a nadie más allá de sus posibilidades. Lo que uno haya hecho redundará en su propio bien o en su propio mal». En cierto sentido, esto se parece bastante a 1 Corintios 10:13 («Dios es fiel, y no permitirá que ustedes sean tentados más allá de lo que puedan aguantar»), y la teología parece semejante a la que se enseña en Gálatas 6:6-8 (recogemos lo que sembramos). Usando este ejemplo, ¿está dispuesto a aceptar la idea de que todas las verdades son verdades de Dios? Explique su respuesta. Hable también sobre los conceptos de justicia y misericordia, y de dónde se originan ambas.

CAPÍTULO 6:
¿Es Alá un dios falso?

1. El autor señala que el Dios de la Biblia y el Dios del Corán tienen mucho en común, al menos porque Mahoma derivó muchos de sus conceptos de lo que recibió de fuentes judías y cristianas. ¿Cómo se podría usar esto de manera positiva en conversaciones sobre la fe con amigos y conocidos musulmanes?

2. De igual manera, el autor señala que hay muchas diferencias importantes entre la forma cristiana de describir a Dios y la musulmana. Hable acerca de la enseñanza del Corán de que Dios no se puede conocer en realidad y cómo eso podría afectar la mentalidad musulmana. ¿Cómo difiere el punto de vista cristiano? ¿Cómo debería afectar esto a nuestra mentalidad?

3. Comente la siguiente afirmación que hace el autor: «Puesto que el todopoderoso Alá no necesita nada fuera de sí mismo, no ama a nada que esté fuera de sí mismo. La trascendencia total prohíbe la cercanía de una relación». Haga un contraste entre esto y las descripciones bíblicas de Dios como Amor, Buen Pastor, Padre y Salvador. Contraste también la solitaria unidad del Dios del islam y la unidad trinitaria de relaciones del Dios del cristianismo (Padre, Hijo y Espíritu Santo).

4. Bajo el islam, lo más que pueden esperar los seres humanos es que se les reconozca y recompense como fieles siervos. ¿Cuáles serían las consecuencias para alguien que se recibe en la familia de Dios como sirviente que se mantenga en la periferia de la propiedad, en contraste con alguien recibido como hijo amado en la casa del Padre?

5. El autor habla de la actitud fatalista que prevalece en tierras musulmanas, caracterizada por una respuesta corriente ante las calamidades: «¿Qué se puede hacer?». Haga un contraste entre esta sensación de desesperanza y el mensaje continuo de esperanza que aparece en la Biblia. Una vez sensibilizado ante el torbellino y el sufrimiento que pasan hoy muchos musulmanes en el mundo entero, ¿cómo les puede hacer llegar este mensaje a sus amigos y conocidos musulmanes en sus contactos con ellos?

6. Teniendo en cuenta los pasajes presentados en el capítulo, ¿está de acuerdo con la posición del autor, según la cual los musulmanes adoran al Dios verdadero en ignorancia, en lugar de seguir a un dios falso?

Explique su respuesta.

CAPÍTULO 7:

Manantiales en el desierto:
Fuentes judías y cristianas en el Corán

1. Comente el concepto del cristianismo acerca de la inspiración divina, comparado con la teoría islámica de la revelación dictada. ¿Cómo cree que Dios usaría a una «vasija» humana, con todas sus fragilidades, para presentar su Palabra? ¿Qué le dice esto acerca de Dios y de la forma en que nos ve a nosotros? ¿En qué le parece que difiere la perspectiva musulmana?

2. Compare y contraste la interpretación musulmana y la cristiana de Génesis 1–3, tal como se presentan en este capítulo. ¿Qué conclusiones puede sacar acerca de estos grandes sistemas de creencias, a partir de las historias clave dentro del relato de la creación?

3. Noé es otro de los personajes que son comunes al Corán y a la Biblia. Observe las semejanzas entre ambos relatos y también las diferencias. ¿Qué importancia tiene el «final de la historia» desde la perspectiva de cada una de las dos religiones?

4. A Abraham se le considera una figura de importancia tanto en el islam como en el cristianismo. Tal como señala el autor, el Corán identifica el mensaje del islam con «la religión de Abraham» y, como la Biblia, lo llama «el amigo de Dios». Explique el concepto musulmán acerca del patriarca y el porqué piensa que muestra tanta parcialidad a su favor.

5. Comente ahora el punto de vista cristiano sobre
   Abraham. Hay muchos pasajes bíblicos de los cuales
   puede sacar su información, pero utilice en especial los
   siguientes: Génesis 12:1-9 (el llamado de Abraham),
   Génesis 15 (el pacto de Dios con él), y Romanos 4 y
   Hebreos 11:8-19 (los pasajes que hablan de su fe). ¿En
   qué difieren la perspectiva cristiana y la musulmana?

6. Puesto que el Corán y la Biblia poseen una serie de relatos
   del Antiguo Testamento (veremos más acerca de esto en
   el próximo capítulo), ¿cómo cree que podría usar esos
   puntos en común al testificarle a un amigo o conocido
   musulmán? ¿Cómo podría tratar las cuestiones relacionadas con lo que el Corán les omite o les añade a estos
   relatos?

CAPÍTULO 8:

Más manantiales en el desierto:
Personajes bíblicos en el Corán

1. Entre todos los profetas bíblicos, Mahoma se identifica-
   ba más con Moisés. ¿Por qué cree que esto es así?

2. Según el autor, el Corán menciona la entrega de las
   tablas de la Ley a Moisés, pero no revela nada de su
   contenido. A partir de lo que sabe o lo que ha aprendido hasta aquí acerca del islam, ¿cuál le parece que sería
   la reacción de un musulmán ante los Diez Mandamientos? ¿Cómo podría utilizar los mandamientos a manera
   de trampolín para llegar al evangelio?

3. ¿Por qué cree que Mahoma escribiera mucho más acerca
   de Salomón que de David?

4. El autor escribe: «Aparte de unas importantes menciones de María y de Jesús, el Corán guarda un virtual silencio con respecto a la gente y los sucesos de los Evangelios y de la iglesia apostólica». ¿Cuáles son algunas de las razones del porqué es probable que Mahoma «abandonara» el relato bíblico en este punto?

5. ¿Cómo afectan los temas de historicidad e inspiración la naturaleza desordenada de muchos de los relatos del Corán comparada con los relatos paralelos de la Biblia?

6. Al terminar el capítulo, el autor hace una conjetura acerca de cómo la vida y el mensaje de Mahoma (y con ellos la historia del mundo) habrían cambiado si él hubiera podido leer griego, sirio o latín, y hubiera tenido acceso personal a la Biblia. Imagínese a Mahoma como un contemporáneo nuestro que busca a Dios. ¿Cómo fundamentaría su actual conocimiento y deseos a fin de guiarlo más cerca a un lugar de decisión con respecto a Jesucristo?

CAPÍTULO 9:

La agonía y el éxtasis: El infierno y el cielo

1. Haga una comparación y un contraste entre el punto de vista musulmán y el cristiano con respecto al juicio divino. ¿Cómo cree que este terreno común en general podría ser un tema positivo al conversar con un amigo o conocido musulmán acerca de las cosas espirituales?

2. Es típico que los musulmanes tengan una profunda incertidumbre con respecto a su destino eterno, e incluso el más devoto de los seguidores responde: «Si Dios así

lo quiere», cuando se les pregunta si se sienten seguros de que van a llegar al Paraíso. Haga un contraste entre esto y el concepto de seguridad eterna que poseen la mayoría de los cristianos. ¿Cómo le parece que esta diferencia podría afectar la manera en que una persona vive de día en día?

3. A pesar de que el Corán no lo enseña en ninguna parte, la tradición islámica dice que en el día del juicio Mahoma se va a adelantar para actuar como intercesor de todos los musulmanes, asumiendo un papel que rechazaran Adán, Noé, Abraham, Moisés y el propio Jesús. ¿Por qué le parece que se ha producido una tradición así? ¿Qué significa para usted saber que la Biblia enseña que Jesús es nuestro intercesor (véanse Romanos 8:34; Hebreos 7:25)?

4. Al igual que las Escrituras cristianas, el Corán presenta el infierno como un lugar real. ¿Qué otras semejanzas nota? ¿Qué diferencias? Comente también los siete niveles del infierno y los que se envían a cada uno de ellos. Observe en particular los niveles asignados a los cristianos, los judíos y los apóstatas. ¿Por qué cree que se les han asignado esos niveles?

5. Haga ahora una comparación y un contraste entre el punto de vista musulmán y el cristiano con respecto al cielo o Paraíso. A partir de lo aprendido en este capítulo, póngase en el lugar de una musulmana y hable acerca del atractivo que tiene para usted la otra vida. ¿Se imaginaría que las musulmanas podrían ser más receptivas que los hombres al evangelio? ¿Cómo trataría este tema en su interacción con un musulmán de uno u otro sexo?

6. El autor señala que Alá se halla extrañamente ausente del Paraíso musulmán. ¿Qué implica la existencia de una eternidad donde Dios se encuentra por *encima* del cielo y de su creación, a diferencia de una donde Él es su *centro* (véase Apocalipsis 21–22)? ¿Qué le atrae de manera especial acerca de esta enseñanza bíblica?

CAPÍTULO 10:
¿Cuál es la senda del *yihad*?

1. Responda a la afirmación de los musulmanes moderados acerca de que no es más justo juzgar al islam por sus extremistas y sus aberraciones políticas, de lo que sería juzgar al cristianismo entero a causa de las Cruzadas, la Inquisición y las cazas de brujas de los puritanos. ¿Cuáles son sus tácticas cuando algún conocido suyo ataca al cristianismo por sus infracciones del pasado o del presente?

2. El autor observa que la idea musulmana del *yihad* del corazón (lo que llamaba Mahoma «el *yihad* contra los apetitos») es más o menos paralelo a la enseñanza cristiana acerca de matar la naturaleza de pecado, aunque sin la ayuda del Espíritu Santo. Lea Romanos 7:18–8:17 y hable acerca de la forma en que usaría este pasaje como trampolín en una conversación espiritual con un amigo o conocido musulmán.

3. Es obvio que el *yihad* de la espada es la lucha más fuerte contra el mal que se ordena en el Corán. Hable del desarrollo de este concepto tal como lo describe el autor. ¿Por qué cree que se suele practicar hoy en su forma más militarista? A partir de lo aprendido acerca de Mahoma, ¿cree

que él habría previsto o aprobado sucesos como el ataque del 11 de septiembre? Explique su respuesta.

4. El autor señala que cree que existen diferencias vitales entre la enseñanza del Corán y los relatos del Antiguo Testamento en los cuales Dios ordenaba la violencia. ¿Está de acuerdo o no con el argumento del autor? Explique su respuesta.

5. Siguiendo el comentario sobre la pregunta anterior, ¿cuál es su opinión respecto al concepto de la «guerra justa»? ¿Consideraría que su opinión es coherente con las enseñanzas bíblicas o solo se trata de una perspectiva personal o cultural? Considerando las guerras en las que ha participado Estados Unidos, desde su nacimiento hasta el presente, ¿ha sido alguna (o todas) una «guerra justa»? Defienda su opinión (¡de forma pacífica!).

6. A Jesús se le llama el Príncipe de Paz (Isaías 9:6), y la paz parece ser el mensaje constante de los Evangelios y de las epístolas del Nuevo Testamento. En una concordancia bíblica, busque la palabra «paz», después consulte y lea unos cuantos versículos que fomenten un estilo de vida pacificador, ya sea con nuestros «enemigos» o dentro de nuestra propia familia. Lea también las palabras contradictorias en apariencia de Jesús en Mateo 10:34-35 («No vine a traer paz sino espada»). ¿Cómo le parece que encaja esta afirmación en particular con el resto de su mensaje?

EPÍLOGO:

El riesgo de la ignorancia

1. De las cinco razones que da el autor para el crecimiento constante del islam en el occidente, ¿cuáles son una o dos de las que le parecen más críticas y por qué? Si conoce personas que se convirtieran al islam, ¿por qué le parece que la fe musulmana las ha atraído?

2. El autor escribe: «Mientras las denominaciones cristianas han estado peleando sobre cuestiones bastante insignificantes, divididas en cuanto a los principios morales absolutos que son tradicionales y sustituyendo el sólido alimento del evangelio por una indefinida ética de tolerancia, el islam ha invadido con fuerza la arena pública con una cosmovisión clara y llena de confianza en sí misma, y un mensaje tomado del Corán y sin los estorbos de las concesiones culturales». ¿Dónde ha sentido de manera específica que la iglesia se está dedicando a insignificancias, y cómo ha influido esto en usted de manera personal?

3. Si los cristianos en la iglesia occidental, como muchos musulmanes, expresaran más pasión y consagración, ¿qué aspecto tendría esto? ¿Cómo se manifestaría más en su propia vida?

4. ¿Está de acuerdo con las ideas del autor acerca de las razones por las que tantos afroamericanos se sienten atraídos al islam? Explique su respuesta. ¿Cuál es su reacción ante la afirmación del autor acerca de que «la iglesia estadounidense no ha sabido presentar con toda transparencia mediante su proclamación y su estilo de

vida que el evangelio de Jesucristo es buena nueva para
la gente *de todas las razas, todos los grupos étnicos y todas
las posiciones sociales*»?

5. El autor señala que la lectura del Sermón del Monte
   (Mateo 5–7) ha servido de catalizador para llevar a
   muchos musulmanes a Jesucristo. Revise esos capítulos
   y explique por qué piensa que este pasaje les habla a los
   musulmanes de una manera tan poderosa.

6. Al terminar de leer este libro, ¿qué cosas sobresalen en
   su mente con respecto al islam, el Corán y Mahoma de
   las que nunca antes se había dado cuenta? ¿Cómo
   piensa incorporar lo aprendido al esfuerzo por hacerse
   más sensible en lo espiritual a los musulmanes en su
   medio?

Notas

Capítulo 1: El Corán visto con ojos musulmanes

1. A lo largo de todo este libro estoy usando la forma castellanizada «Corán», puesto que es la más conocida por los hispanohablantes, aun cuando el mejor término técnico es «Qur'an».

2. El término árabe *Hadit* significa literalmente «mensaje» o «comunicación», y se refiere de forma colectiva o individual a los registros de las acciones, conversaciones y decretos de Mahoma que reunieron sus seguidores en los dos primeros centenares de años después de la muerte del profeta. Muchas de estas tradiciones no son dignas de confianza, pero la comunidad musulmana suele reconocer seis colecciones como más o menos fiables y, por tanto, poseedoras de una autoridad para la fe y la práctica musulmanas, que solo la supera el Corán. De estas seis, es posible que el Hadit de Al-Bujari sea el más conocido.

Capítulo 2: ¿De dónde vino el Corán?

1. Thomas Patrick Hughes, *Dictionary of Islam*, W. H. Allen & Co., Londres, 1935, pp. 370-371.

2. Un «sura» es un capítulo del Corán. Nótese que en español esta palabra es masculina, a pesar de terminar en «a».

Capítulo 3: Y la palabra se hizo... ¿papel?

1. Para sorpresa de Zaid, recordó más tarde otros versículos que había omitido de forma involuntaria, después de creer que este texto era el definitivo. Vea a continuación.

2. A decir verdad, Ibn Masúd omitió en su colección el sura introductorio, la Fatiha, y también los dos últimos que aparecen hoy en el Corán. La omisión de la Fatiha es significativa en especial, puesto que este capítulo es el texto coránico que se cita con mayor frecuencia en la vida del musulmán ortodoxo. Es de suponer que estos tres suras se descartaran porque el que dice estas palabras es el creyente, y no Alá. Puesto que se supone que el Corán contiene directamente las palabras de Alá, este material no habría reunido los requisitos y, por tanto, no se habría recogido en el libro de las revelaciones de Alá. Sin embargo, este punto de vista no prevaleció, y los suras 1, 113 y 114 se encuentran en todos los ejemplares del Corán desde que se ejecutó el decreto de Uthman, a mediados del siglo VIII.

3. Si está interesado en unas listas detalladas de estas variantes, puede consultar la obra de Arthur Jeffery llamada *Materials for the History of the Text of the Qur'an* (AMS Press, Nueva York, 1975 [1937]). Su información procede de tres eruditos musulmanes de los siglos X y XI que trataron de comparar el texto recibido de Uthman (por medio de Zaid) con los de otros mencionados con detalle en el Hadit.

4. Aunque estas variaciones de dialecto y de redacción no alteran en gran medida el significado del texto, subrayan lo precaria que es la proclamación del islam en cuanto a tener la Palabra de Dios original, pura e inalterada.

Capítulo 6: ¿Es Alá un dios falso?

1. Bilqis Sheikh, *Me atreví a llamarle Padre*, Editorial Vida, Deerfield, FL, 1982.

2. *Ibíd.*, pp. 41-42 (del original en inglés).

Capítulo 7: Manantiales en el desierto: Fuentes judías y cristianas en el Corán

1. Nota del traductor: Que tiene *pecina*, «cieno negruzco que se forma en los charcos o cauces donde hay materias orgánicas en descomposición», Diccionario de la Lengua Española, de la Real Academia Española.

2. Es cierto que el Nuevo Testamento llama a Noé «pregonero de justicia» en 2 Pedro 2:5, porque con su fe (construyendo obediente el arca) condenó al mundo (Hebreos 11:7). Sin embargo, aun aquí no aparecen detalles claros sobre la interacción de Noé con sus contemporáneos en sus conversaciones. Lo que esto indica es que Noé predicó y condenó a través de sus acciones de obediencia, más que mediante palabras.

3. El sura 9:114 dice con claridad que Abraham oró solo a causa de una promesa que le hizo a su padre. Una vez claro que su padre era enemigo del verdadero islam, Abraham se desentendió de él y se negó a seguir orando por él. Esto es muy distinto al espíritu del evangelio, en el cual Cristo les ordena a los suyos que no solo oren por sus seres amados, sino incluso por sus enemigos, y por los que persiguen al pueblo de Dios, ¡a fin de pedir su salvación!

4. Lo más probable es que la fuente primaria de este cuento sea una historia rabínica judía, cuyo rastro se puede seguir hasta el siglo II d. C. Se puede hallar en Génesis Rabbah (Noach) 38.11-13

(pp. 310-311 en la edición de Soncino, editores Freedman y Simon [Londres: Soncino Press]).

5. Según la Biblia, el nombre del padre de Abraham era Taré. Es del todo posible que Mahoma oyera de otros el nombre del siervo de Abraham (identificado como Eliezer en el Génesis) como Azar (forma abreviada), y lo usara de manera errónea para identificar al padre de Abraham.

6. Véanse Génesis 18:12-15 y 21:1-7, donde se relaciona el nombre de Isaac («él ríe») con la risa de Sara al hacer Dios lo imposible, y proporcionarle una risa continua en su ancianidad a través del don de un hijo. El Corán nunca ve ni busca esta conexión.

7. Aunque el Corán guarda silencio en cuanto a la identidad de este hijo, la tradición islámica lo suele reconocer como Ismael, a diferencia de la afirmación de la Biblia de que se trataba de Isaac. Para que haya coherencia en todo el relato bíblico, el hijo que se va a sacrificar debe ser Isaac, porque es el hijo de la promesa, por medio del cual Dios le garantizaba a Abraham un rico linaje. El reto de fe a Abraham no es solo el de confiar en la bondad de Dios hacia él y hacia su hijo, sino también el de confiar que Dios va a cumplir aún de alguna forma su grandiosa promesa con respecto a sus incontables descendientes, aunque les quite a Isaac. En cambio, al islam no le interesa la historia de la salvación tal como se halla en la Biblia, de manera que pone a Ismael en el lugar de Isaac, al menos por dos razones. (1) Ismael es el hijo de Abraham por medio del cual los pueblos árabes remontan en gran parte su linaje hasta el primer patriarca. De esta forma, ocupa un lugar de orgullo en la mente musulmana. (2) Tal vez más importante aun sea que inmediatamente después del relato coránico sobre el intento de sacrificio, aparece la declaración de Alá de que le anunciaba a Abraham «el nacimiento de Isaac, profeta,

de los justos» (37:112). Es difícil imaginarse que una declaración como esta se produzca *después* de un relato en el que participa Isaac como jovencito con su padre. Por esta razón, la mayoría de los musulmanes dan por sentado de la manera más natural que la primera historia se debe referir a un hijo que ya estaba vivo antes de Isaac. Ese hijo era Ismael, el primer hijo de Abraham, tenido por medio de Agar, la esclava de Sara.

Capítulo 8: Más manantiales en el desierto: Personajes bíblicos en el Corán

1. En el 20:25-35, Moisés no contiende con Dios en este momento del relato, sino que se limita a pedirle valor, el don de la elocuencia y la ayuda de Aarón.

2. La cuestión sobre si la práctica de la crucifixión se conocía y aplicaba en el Egipto faraónico necesita de investigación por parte de los eruditos.

3. Al parecer, Mahoma confunde a Amán, el enemigo de los judíos durante la época de los persas (véase el libro de Ester) con este protagonista egipcio, a quien se le da este nombre persa procedente de un período muy posterior en la historia.

4. As-samiri no es un nombre propio, tal como lo indica con claridad la presencia del artículo determinado antes del guión. La mayoría de los eruditos musulmanes comprenden este término con el significado de «el samaritano», pero esto es problemático, puesto que los samaritanos no constituyeron un pueblo aparte, sino hasta después de la deportación de las tribus del norte de Israel, bajo el Imperio Asirio, unos quinientos años o más después del incidente del becerro de oro.

5. Es posible que Mahoma escuchara la conexión hecha en el Nuevo Testamento entre Elías y Juan el Bautista, donde de acuerdo con las esperanzas mesiánicas, se esperaba que Elías

volviera a la vida como heraldo del Mesías cuya llegada era inminente. Algunos, entre ellos Jesús, se refirieron a Juan el Bautista como una especie de Elías *vuelto a la vida*.

6. El sura 3:39 habla de Juan como uno que dará testimonio de Alá o confirmará su Palabra. La mayoría de los eruditos toman esto como una referencia que señala hacia Jesús.

Capítulo 9: La agonía y el éxtasis: El infierno y el cielo

1. Esta resurrección no solo se extiende a todos los humanos, sino también a todas las demás criaturas: animales, ángeles y *jinn*. Los humanos resucitarán en las mismas condiciones en que nacieron: desnudos, descalzos y sin circuncidar.

2. *Jahannam* es una palabra prestada en un principio del hebreo (Gue-hinnam = valle de Hinom), que se helenizó (Gehenna) antes de entrar al vocabulario árabe. Para los judíos, Hinom se convirtió en símbolo del infierno, por ser el valle situado fuera de las murallas de Jerusalén que servía como vertedero público y en el cual se producían sin cesar fuegos y humos fétidos. La palabra *jahannam* aparece treinta veces en el Corán.

3. Mientras que algunos pasajes coránicos tempranos parecen indicar que algunos cristianos llegarán al paraíso, los textos posteriores enseñan con claridad que los que sigan siendo cristianos y judíos (esto es, rechazando el mensaje de Mahoma), serán condenados al infierno (véase 98:6 en particular).

4. Mientras que los cristianos hablan del «cielo» en este sentido, para los musulmanes el «cielo» es ante todo una creación física que se halla suspendida encima de la tierra.

5. Charis Waddy, *The Muslim Mind*, Longman, Londres, 1976 (1982), p. 129.

Capítulo 10: ¿Cuál es la senda del *yihad*?

1. Es interesante que la quinta parte de todo el botín adquirido en el *yihad* se debiera dar a Alá, o de manera más precisa a Mahoma, como su representante. Según el Corán (8:41), este tesoro se debía usar para sostener a la extensa familia de Mahoma, y para los huérfanos, los pobres y los viajeros.

2. Nota del traductor: Cronología contada a partir de la Hégira de Mahoma.

Epílogo: El riesgo de la ignorancia

1. No es de sorprenderse que una y otra vez la lectura del Sermón del Monte haya servido de catalizador para llevar a muchos musulmanes a Jesucristo. En él han podido captar como es debido la visión de comunidad humana que describe Jesús en Mateo 5–7, y se sienten atraídos, tanto por las normas sin concesiones de Jesús, como por sus afirmaciones llenas de autoridad. Si la Iglesia viviera de una forma más reconocible según nuestra propia Carta Magna, que aparece en estos tres capítulos de las Escrituras, tal vez muchos musulmanes más estarían dispuestos a escuchar con detenimiento el mensaje que les presentamos.

Nota de la Editorial: Las citas del Corán se tomaron de *El Sagrado Corán*, III Edición de IntraText CT (www.intratext.com/X/ESL0024.HTM#fonte), Asociación Estudiantil Musulmana de *Oregon State University*, 2005.

ÍNDICE TEMÁTICO

ÍNDICE DE TEXTOS BÍBLICOS

ÍNDICE DE VERSÍCULOS DEL CORÁN